芸能界のタブー

大下英治

青志社

まえがき

令和の現在、今回とりあげた七人のうち都はるみを除いて、あとの六人はすでにこの世にいない。あらためて、時の流れを感じる。

彼らは、昭和、平成に活躍したが、ひときわ個性的で、とてつもない存在感があった。光り輝いていて、文字通りスターであった。が、その反面、翳りも深かった。

私が、令和の今、あえてこの七人を掘り起こして描き直そうと思ったのは、それはある意味彼らのタブーに触れるかもしれない。が、彼らの翳り、闇の深さが、彼らの個性をいかに形作っていったかを追ってみたかったからである。

松田優作を「孤高の血脈」としたのは、私が大好きなリドリー・スコット監督の『ブラック・レイン』で初のハリウッド進出を果たした優作の輝きが、彼の血の秘密と深い関わりがあるからである。

狂暴で残忍なヤクザ佐藤浩史を演じる優作が、初めて登場するシーン。ダスターコートを着て、髪を短く刈り上げた狼のように殺気立った優作に、私はドキリとさせられた。そこにいる優作は、単なる日本人ではない。かといって、韓国人でもない。アジアのすべての国を表わしたような〝東洋〟という不気味というか、謎めいた雰囲気を漂わせていた。

　私は、鳥肌が立った。

〈この雰囲気、一時優作が乗り越えようとした原田芳雄でも、あるいはショーケン（萩原健一）でも出せない。優作ならではだ〉

　優作は生まれ持った業を死ぬまで秘密にしていたが、その業と戦い苦しみ、ついに克服したといえよう。夏目雅子を「散り際の美しさ」としたのは、彼女ほど往年の大スター原節子や岸恵子のような輝きを放った者は稀である。が、惜しくもわずか二十八歳で咲き誇ったまま散っていったからである。

『鬼龍院花子の生涯』の五社英雄監督が、夏目雅子の秘密について語ってくれた。彼女は、初日の撮影を終えるや、五社に驚くべきことを打ち明けた。

「実は明日から一カ月ほど入院しなくちゃならない。その間なんとか別なところを撮ってつないでください。ウソはつきたくなかったけど、それを正直に言ったら、永遠に主演のチャンスを逃してしまうから。いままで黙っていました」

　そして一カ月ほどして彼女が、現場に戻ってくると首筋に五センチほどの長さの生々しい手術跡がついている。

　彼女は、伊集院静と不倫関係に陥るが、やがて結婚にまで漕ぎつける。彼女は五社監督にまた打ち明けている。

「あたし、その人にもウソをつくのよね」

ひまわりのように明るく美しかった彼女は、残酷にも、急性骨髄白血病と診断される。が、彼女には知らされなかった。

それまで伊集院にも隠していた病気だが、最後にかかった病気は、皮肉にも逆に彼女に知らされなかった。五社監督が、その彼女の最期の狂おしい姿を語っている……。

高倉健の「愛した三人の女」は、結婚し、離婚した江利チエミに始まる。

実は、あまり知られていないが、高倉は『幸福《しあわせ》の黄色いハンカチ』『遥かなる山の呼び声』『駅 STATION』で共演した倍賞千恵子と激しく愛し合っていた。

週刊誌の記者や芸能レポーターが大挙して、ロケ地の留萌《るもい》に押しかけたことがあった。高倉と倍賞のスキャンダルを摑《つか》もうとしてのことだ。

『週刊女性』の記者として現場で取材していた石川敏男は、倍賞の自宅前で張り込むこと数時間。午後八時半頃に、三菱の車が一台、マンションの駐車場に入って来た。

石川は語っている。

「運転席を見ると『駅 STATION』のワッペンを貼ったつば広帽をかぶった健さんが乗っている。さらに、通い慣れているような感じで、迷わず駐車スペースに止めたんです。だが、高倉が車から降りてくることはなかった。なんと、張り込んでいる姿を見つけ、狭い駐車場の中をUターンし、マンションから立ち去ってしまった」

そんな二人だったが、熱愛発覚から三年ほどで終焉を迎えたという。もし、あの熱愛報道がなければ、もしくは、決定的なスクープ写真を撮られていたら、ふたりの関係は違ったものになっていたかもしれない。

高倉健は、平成二十六年（二〇一四）十一月十日、悪性リンパ腫でこの世を去った。八十三歳であった。死後、突如、高倉の養女として小田貴月が登場して世間を騒がせた。

彼女は、その死を高倉の親族にも知らせず、葬儀を執りおこなった。

それから五年後の令和元年十月三十日、小田貴月による初の手記『高倉健、その愛』（文藝春秋刊）が上梓され、十七年間にもわたる秘密のベールが開かれた。

美空ひばりは、「田岡のおじさん」抜きには語れない。田岡のおじさんとは、山口組三代目田岡一雄組長のことである。

神戸の港湾荷役に過ぎなかった山口組が全国制覇を遂げるには、美空ひばりの力なくして不可能であった。田岡は、ひばりの興行のすべてと言っていいほど、付き添っていた。ひばりを武器に興行をおこなう土地の親分と盃を交わしていき、勢力を拡大していったのだ。

さらにひばりの弟で歌手の小野透《とおる》は、引退し、山口組の組員となり、やがては横浜の益田組の幹部にまでなる。ひばりは、小野透のことで常連だったＮＨＫの「紅白歌合戦」を降ろされることになる。

さらにひばりは、結婚していた小林旭と別れるが、その離婚会見も、田岡組長立会いのもとであった。

田岡が、旭にかわって答えた。

「今度の旭さんとひばりさんの離婚は、〝理解離婚〟というものです。意味ですか？　私が中に入って、双方とも理解しあったうえで離婚に踏み切ったので、〝理解離婚〟といいます」

旭は、田岡から、「今後、絶対にひばりについてしゃべるんやないで」と泥仕合を避けるよう釘を刺されている。

渥美清といえば、『男はつらいよ』の国民的スターだが、その源流は浅草のストリップ劇場にある。

フランス座で、その日に出るはずだった踊り子が、休んでしまった。穴埋めの渥美は新聞をひろげ、客に語りかけた。

「いや、お客さん、昨日凄いことがありましたね。世の中、うかうかしてられませんよ」

その新聞記事ひとつをネタに、三十分も漫談をしてみせる。

ちょっとウケがよくないと思ったときには、さっと客に眼を放つ。

「お客さん、あんた、ずいぶん疲れた顔をしているねえ。吉原泊まり？」

江戸時代から連綿と続いている遊廓の吉原は、浅草と眼と鼻の先にあった。

渥美は、総理大臣の役でも笑いを取った。

宴会の席で、おもしろおかしく酒を呑む場面に入った。はじめのうち、殊勝にとっくりに猪口を近づけて注いで呑んでいる。

が、そのうち、めんどうくさくなって、離れたとっくりから猪口に酒を投げるように注ぐ。ついには、とっくりをポーンと宙に放り投げて、そこからこぼれる酒を口で飲む。

いつもえらぶった総理大臣が、酔ってこのようにして飲むのを、おもしろおかしく演じてみせた。渥美は、のち寅さんがやるあのテキヤの口上もやっていた。

「もののはじまりが一ならば、国のはじまりが大和の国、島のはじまりが淡路島、泥棒のはじまりが石川の五右衛門なら、助平のはじまりが七件の強姦殺害の小平の義雄」

「四谷、赤坂、麹町、ちゃらちゃら流れるお茶の水、粋な姐ちゃん立小便、白く咲いたか百合の花、四角四面はとうふ屋の娘、色は白いが水くさい、一度かわれば二度かわる、三度かわれば四度かわる、淀の川瀬の水車、たれを待つやらくるくると。ごほんごほんと浪さんが、磯の浜辺でねえあなた、わたしゃあなたの妻じゃもの」

浅草ストリップ劇場で磨きぬいた芸があってこそ「男はつらいよ」も四十八作も続いたといえよう。

『都はるみ』を「愛という名の〝業〟」としたのは、はるみを支え続けたディレクター中村一好には妻子があり、ふたりの恋は不倫であったからである。

はるみは、中村との恋を秘め続けていることが出来ず、ついに記者会見を開く。はるみは、目をうるませながら胸の内を告白した。

「中村さんには奥さんも子供もいますが、この人しかいないと思うようになりました。奥さんと別れてくれとは言いませんが、好きになった以上、嘘をつくのがいやなんです」

はるみは、昭和五十九年三月五日に引退会見をする。

「ふつうのおばさんにもどりたいと思っています」

はるみは、じつは中村の子供が欲しかったのである。が、はるみは、中村の子供を産むことをあきらめざるを得なかった。子宮の筋腫は、『浪花恋しぐれ』当時より大きくなっていた。肉体的に子供をつくることを、あきらめるしかなかった。

平成元年四月一日、はるみと中村は、新宿一丁目に新しく事務所「プロデュースハウス都」を設立した。はるみは、『千年の古都』『小樽運河』で復帰を飾る。

ところが、中村は、平成二十四年四月四日未明、突然に命を絶ってしまう……。

太地喜和子は、「恋に生きた生涯」を送るが、ポリシーを持っていた。

「私はサービス精神がある限り、見ている人にこの人は帰ったら所帯があると思わせてはいけない」

彼女は生涯で一度津坂匡章（秋野太作）と結婚するが、彼との離婚後は独身を通した。

彼女は、三國連太郎、峰岸徹、演出家の木村光一、中村勘九郎らと激しい恋に身を焦がせ続けた。令和に入った今、この七人のスターをあらためて振り返ると、いっそうまばゆい光芒を放って見える……。

令和元年　十一月

大下英治

目次

第三章 高倉健 愛した三人の女……79

第四章　美空ひばり　田岡のおじさん……133

第七章 太地喜和子 恋に生きた生涯……257

装丁・本文デザイン　岩瀬聡

第一章
松田優作
孤高の血脈

リドリー・スコット監督

松田優作は、リドリー・スコット監督のニューヨークと大阪を舞台にした壮大なアクション映画『ブラック・レイン』の狂暴で残忍なヤクザ、佐藤浩史役で初のハリウッド進出を遂げる。世界に通用する役者になることが優作の夢であった。

スコット監督は、優作に惹かれた。

「静かさの中に、冷たくて、けれども熱いものを感じる」

マイケル・ダグラスや高倉健との共演であった。

この作品で、国際スターの仲間入りを果たした優作は、残酷にも、この作品の撮影中、すでに膀胱がんにかかっていた。血尿が止まらぬ中での苦しい撮影であった。

スコット監督は、スタッフの一人に優作についていった。

「あれだけの俳優は、ぼくがあれこれ手を入れるよりも、彼の素材そのものを全面に出したほうがいいと思う。彼の作ってくるイメージを壊したくないんだ」

ヤクザ佐藤役の優作が、初めて登場するシーンがある。ダスターコートを着て、髪を短く刈り上げた狼のように殺気立った優作にドキリとさせられた。

そこにいる優作は、単なる日本人ではない。かといって、韓国人でもない。アジアのすべての国を表したような〝東洋〟という不気味さというか、謎めいた雰囲気を漂わせていた。

私は、鳥肌が立った。

〈この雰囲気、一時優作が乗り越えようとした原田芳雄でも、あるいはショーケン（萩原健一）でも出せない。優作ならではだ〉

この雰囲気を出せたのは、彼の血の秘密と深い関わりがある。

出生の秘密

昭和二十四年一月、松田かね子は、山口県下関市今浦町二十七番地の自宅に「松田質店」の看板を出した。

今浦町は、遊郭街だった。窓から手を出してのばすと、向かい側の建物の壁に手が届きそうなほどせまい路地がたくさんあった。路地ですれ違うと、肩と肩がぶつかるほどだ。その路地の両側に、ずらっと旅館がならんでいた。旅館の窓には、格子が入っていた。

路地には、夜の七時や八時頃から、客をひく女が立つ。当時「パンパン」と呼ばれていた娼婦たちである。

その通りを歩くと、厚化粧の女たちが声をかける。

「おにいちゃん、遊んでかない」

夜中じゅう、娼婦たちの嬌声と、酔っぱらった男の声が聞こえた。その路地は、昼になると、ほとんど人通りがない。閑散として、湿っていた。

下関の港におりた漁船員は、まず町の風呂屋に行く。そのあと一杯酒をひっかけてから、この路地に来るのだった。

その路地から、もっと狭い筋に入ったところに、松田質店があった。人がめったに足を踏み入れては行かない場所である。もっとも、質屋としては、もってこいの場所だった。

かね子の夫の松田武雄は、昭和十八年、ニューギニアのハンサで戦死していた。

かね子は、夫の死後は、必死になって働きづめで、ようやく質屋の看板を出すまでにいたったのである。夫の忘れ形見である長男の東は十四歳、次男の丈臣は十歳になっていた。

彼女は、大正三年三月三日生まれで、当時、まだ三十代の匂うような女ざかりであった。彼女の腹には、このとき二カ月の赤児が宿っていた。

愛する男、大村の子であった。大村は、長崎出身の保護司であった。刑を終え刑務所から出てきた下関一帯の前科者を更生させる仕事である。社会的な信用も高かった。かね子より三歳年上の三十九歳の働き盛りであった。大村は、丸味をおびた顔の優男であった。

が、五尺八寸（一七六センチ）の偉丈夫で、女性としては大柄なかね子が、大村とならぶと小さく見えた。

かね子は、戦後間もなくは、闇市から仕入れた物を売りさばく行商をしていた。が、女の身では、闇の行商はなにかと危険がともなった。

男まさりのかね子は、危険もいとわず、荒っぽい男たちがうろつく下関の闇市をわたり歩いた。漁港下関は、活況をていしていた。全国各地から寄港してくるたくましい姿の男どもが、体の疲れをいやしに女を漁った。

伊崎町マーケットあたりは、遊郭が立ち並び、街娼が客の男たちを誘っていた。街娼たちは、戦争で夫を失った寡婦たちや、食う手段のない娘たちである。商魂たくましい彼女たちは、客の奪い合いでとっくみ合いの喧嘩をすることもしばしばであった。

かね子は、そんな女たちを横目に見ながら、才覚と度胸と丈夫な体で生計を立ててきた。

そのうち、自宅に看板を出したのであった。

「衣類商　道具類　時計宝飾品類　松田かね子」

さらに、その看板に「古物営業」が加わった。扱う物も手広くなっていった。

かね子は、古物を扱う仕事の関係上、警察へのコネを必要とした。警察に顔のきく人物として、知人から大村を紹介してもらったのであった。

かね子は、生来開けっ広げで陽気な女であった。しかし大村に会うときは、しおらしく胸をときめかせた。

かね子は、大村と恋に落ちた。

かね子は、大村に妻子がいることは、まったく知らなかった。

大村も、いっさい打ち明けない。

大村は、女にはめっぽう優しかった。

働きづめで荒れた手も、大村と知り合ってからは、念入りに手入れをするようになった。

大村は、やがてかね子の家にころがりこみ、同棲をするようになった。

二人の子は、大村をうさんくさい眼で見た。しかし、かね子は、子供たちをなんとか大村になつかせようと懸命であった。

かね子は、東と丈臣に命じた。

「これからは、きちんとお父さんと呼びなさい」

しかし、長男の東が筆者に打ち明けたところによると、大村を決して「お父さん」とは呼ばなかったという。

かね子は、東に苛立った。

「これだけ言うのに、どうしてお父さんと呼ばんのね！」

怒り狂って、東に庖丁を投げることもあった。

かね子は、そのうち、大村の子を宿したのであった。

医者で診てもらい、妊娠していることを知った。

ひそかに始末したほうがいいのか、それとも大村に知らせるべきか、悩んだ。

かね子は、意を決して大村に打ち明けた。

「あんた、うちのお腹に、やや子がおるんよ。あんたの子や。二カ月になる」

大村は、とたんに顔色を変えた。

「そんなこと言うて、おれをびっくりさせて、嘘だろう」

「いいや、本当や。産んでも、ええか」

「馬鹿ぬかせ、すぐに堕ろせ」

大村は、慌てに慌て、家から飛び出して行った。

ちょうど学校から帰った東が、家の外で二人のやりとりを聞いていた。

東は、母親に言った。

「かあちゃん、だまされたらいけんよ。あいつは、悪いやつや」

「やかましい！　子供に、何が分かる。お黙り」

かね子は、大村のうろたえぶりが普通でないので、八方手を尽くして大村の素姓を調べあげた。

その結果、長崎に妻子がいることが分かった。下関には、単身赴任していたのだ。広島に愛人までいることも分かった。

かね子は、怒りと屈辱に、ぶるぶる体が震えて止まらなかった。

「ちくしょう！　うちを、馬鹿にしやがって。女だからといって、弱みにつけこむのか。どうなるか、見ておれよ……」

大村は、雲隠れしたまま帰ってこなかった。

かね子は、半狂乱になって探しまわって連れ戻した。

ある日、かね子の家の戸口に子供連れの女が立った。

「あのお、私大村ですけど、うちの主人が、こちらにごやっかいになっとるそうですけど」

かね子は、玄関に出た。かね子は、それまで、心の隅のどこかで信じこもうとしていた。大村に妻子があるというのは噂だけであって、本当は、大村には妻も子もいない。もてる男だから、あらぬ噂を立てられるに違いない。

が、眼の前に、妻子が堂々と名乗り出てきた。

かね子は、逆上した。妻の前で、大村を責めたてた。

大村は、妻子とともに、ついに長崎に帰って行った。

二度とふたたび、かね子の前に戻ってくることはなかった。

かね子が妊娠していることは、路地を隔てた隣りに住むかね子の姉にも、すぐに知れた。

かね子と姉は、しょっちゅういがみあっていた。

姉の夫は、遊郭を経営していた。結構な暮らし向きであった。

かね子は、三人姉妹の中で自分一人だけ苦労しているのだと感じ、姉や妹と張り合っていた。

妹は、駐留米軍であったアメリカ人と結婚してアメリカに渡り、ノースカロライナ州に住んでいた。

華やかな妹、裕福な姉に比べ、自分だけが悲惨に思われた。そのうえに、妊娠が姉に知れ、責められた。

「パン助みたいなことをして、そんな父親がおらんふしだらな子は、堕ろせ」

「………」

かね子は、口惜しさと、自分への腹立たしさに、血が滲むほど唇を噛みしめた。

姉に向かって、宣言した。

「なんやの。きちんと産んで、この子は、私が、立派に育ててみせるがね」

近所の親しい仕事仲間も、かね子に忠告した。

「あんたねえ、大変やよ。子供がかわいそうやよ。それに二人も大きな子がいるというのに、いまならまだ大丈夫やから、堕ろしたらどうやの」

しかし、かね子はもう決心していた。

「いいや、この際、一人も二人も三人も、同じことよ。自分の責任で育ててみせる。ちゃんと、産んで育てる」

こうして、昭和二十四年九月二十一日にこの世に生をうけたのが、松田優作であった。

三千三百グラムの、大柄な子であった。

ただし、複雑な生まれゆえに、すぐには出生届は出されず、翌年の九月二十一日に届けが出された。したがって、優作はその後実際の年よりは一歳年下として生きていくことになる。

兄弟

かね子は、三人に増えた子を食べさせるために、営業範囲をさらに広げた。自分の出来ることは、泥棒と人殺し以外なんでもやる覚悟であった。

長男の東は、優作が生まれると、さっそくかね子から言いわたされた。

「ええな。あんたが父親代わりになって、この家を支えておくれ。優作にとっても、あんたがお父ちゃんや」

四人の一家は、路地の片隅に這いつくばるようにして生きた。

いくら父親代わりといっても、東は、まだ中学一年生である。しかも、当時は、世間の物資も欠乏していた。女の細腕で身を粉にして働いても、たかが知れている。

一家は、まず食べることに追われた。

かね子は、育ち盛りの上の二人の息子にひもじい思いをさせてはいけないと、どこからか白米を探してきて食べさせた。どこの家でも麦飯がほとんどだったときに、彼女は無理をしても豪勢な白米を用意した。

かね子は、息子三人を抱いて世間の荒波をくぐりぬけていくためには、男のようにたくましく生きなければいけなかった。

「東、母ちゃんと一緒に、ついてこい」

かね子は、下関市内の唐戸市場に駄菓子を仕入れに行くようになった。

駄菓子や生活雑貨を扱うよろず屋も始めたのである。

東は、乳飲み児の優作を背中におぶって、かまどに火をくべ、飯もたいた。

優作が、びいびいと泣く。

東は、あやすすべを知らない。ただ声に出して、優作に語りかけた。

「優作、いい子だから、いい子だから、な、泣くな、泣くな」

東は、自分も泣きたくなるのをこらえながら飯の仕度をした。

東は、優作が泣きやまないときには、つい複雑な気持ちになった。

〈どうして、母ちゃん、優作を産んだんじゃろ。なんの因果で、わしは、こいつをあやさにゃいかんのじゃろ〉

昭和二十六年の秋、東が遊びから帰ると、一階に母親がいない。

家は、店に入ると、左側半分が格子の入った質物を入れる倉庫になっていた。右側は、二畳半の畳敷きになっている。そこに、いつもなら母親が座っている。

弟の丈臣は、一階の畳の上で寝ていた。東は、母親を呼んだ。

「母ちゃん、母ちゃん！」

階段の下から、二階を見上げた。一階の電気はついているのに、二階は、真っ暗である。

東は、不吉な予感をおぼえた。〈また、あんときのようなことが……〉

東の脳裏を、いまわしい記憶がかすめた。

昭和十九年の冬の夜であった。東は、小学校三年生であった。東は、母親に突然、正装するように言われた。

彼は、不思議に思った。

〈親父の法事でもないのに、どうしたんだろう……〉

弟の丈臣は、五歳で、事情がよく飲みこめなかった。

かね子は、グズグズしている東に命令した。

「さあ、早く、支度しなさい」

東は、訊いた。

「母ちゃん、これから疎開でもするのか」

母親は、何も言わない。

そのうち、かね子は位牌をかかえた。

「これから、父ちゃんの傍に、みんなで行こう」

心中しようと言うのである。東は、ゾッとした。恐怖が足元から這いのぼってくる気がした。

〈せっかくここまで生きてきたのに、なんで死ななきゃいけないんだ〉

弟の丈臣には、死ぬ、ということがまだよく理解出来なかった。明るい表情で答えた。

「父ちゃんのところに行けるなら、いい」

東は、しばらく黙っていた。

母親は、買ってきていた白い紐を、鴨居に通した。鴨居には、白い輪になった三本の紐がたれ下がり、ゆれた。かね子は、まず、丈臣の首に紐の輪を通した。

東の首にも、紐をかけようとした。東は、紐をはずして、抵抗した。

「ぼくは、死ぬのは、いやだ。死ぬんだったら、母ちゃんだけで死んでくれ」

かね子は、すでに死ぬと固い決心をしているようだった。

「母ちゃん、もう、生活していく気力もないの。ね、一緒にみんなで死のう。丈臣も、死ぬと言ってるんだし」

東は言った。

「母ちゃん、そんなこと言わんと、みんなで頑張ろう。死んだ気になれば、なんとかなる。生活は苦しいかもしれないけど、ぼくは、大きくなったら孝行する。辛抱してくれ……」

母親は、位牌を前にして、しばらく泣いていた。

母親は、ついに自殺を諦めやめた。

東には、そのときの恐怖がふいに蘇ったのである。

二階への階段を、駆けのぼった。

二階に上がると、手前の四畳半の部屋の闇の中に、なにか動く気配がある。

電気を点けた。母親が、うずくまっていた。膝に手を置き、思いつめたようにうなだれている。

母親の左側には、一歳の優作が寝ていた。

母親の顔の左側には、大きな青痣があった。腫れあがっている。

髪も、くしゃくしゃになっている。洋服は、ところどころ破れている。

東は、ただならぬことの起こったことを察した。

じつは、かね子は、優作を産んだことで、姉に「パン助」呼ばわりされ、もみ合いの喧嘩になったのである。当時は、現在のように不倫という言葉はない。夫以外の男と通じた女は、みんな「パン助」呼ばわりされていた。最高に屈辱的な言葉であった。

もみ合いの最中、姉の亭主がやってきた。自分の女房かわいさに、かね子を殴ったのである。

かね子は、身内にそこまで侮辱されるなら、いっそ優作を殺して自分も死んでしまおうとしたのであった。

東は、はっとして母親の左側に寝かされている優作のほうを見た。なぜか優作の顔に、白いタオルがかかっている。

〈優作は、死んだのか〉

東にも、母親が優作の口にタオルを当てて殺そうとしたことが分かった。

「母ちゃん！　なんてことを！」

東は、母親を突き飛ばした。

母親の股の間に、出刃庖丁があった。

東は、右手で庖丁を摑んだ。左手で優作を抱きかかえると、階段を急いで下りた。

庖丁を、台所に投げすてた。優作を抱きかかえたまま、外へ出た。

優作は、泣かなかった。すでに死んでいるのかもしれない。

近くの浜まで、走った。

浜に着くと
「優作、優作」

と呼びながら、歩きまわった。それでも、優作は泣かない。やはり、窒息死しているのかもしれない。東は、優作の頰をびたびたと殴り続けた。

優作は、ようやく泣き始めた。

「優作、よかったのォ、生きとって、よかったのォ……」

もし東がこの時間に家に帰らなければ、かね子は死に、俳優松田優作を見ることもなかっただろう。かね子は、この事件だけは、優作に言わないでくれ、と東に頼んだ。

優作は、ついにこの事件を知らないまま死んでいったという。

二重まぶた

昭和四十五年十一月三日の文化の日をはさんで、優作の通う関東学院の文化祭が開かれた。このとき、ニューヨークからきたアングラ劇団「ラ・ママ」がやってきて、芝居を上演した。

このアングラ劇団を見たことが、優作の役者への道を決定づけた。

優作は、この直後、ひそかに下関へ帰った。が、母親のいる実家には寄りつかず、外で東とだけあった。

優作は、東に思いつめた表情で言った。

「兄ちゃん、おれの道は、決まったよ。おれは、芝居をやる。どんなことがあっても、頑張る」

昭和四十六年二月初め、優作は、北海道の深川市に下宿している重井を訪ねた。高校のときの同級生である坂田も、一緒であった。

優作は、重井と坂田に、眼の整形をしたことを告白した。優作は、写真に撮られるときも一重まぶたのつりあがった眼を嫌っていた。その一重まぶたを、二重まぶたにしたのである。

手術代は、月々五万円の東の仕送りがあったため、なんとか足りた。が、抜糸をする金がなかった。優作は、自分で抜糸をしたことまで打ちあけた。

優作は、ほんのわずかでも自分が目立つ可能性を増やしたかった。主役をどちらにしようかというぎりぎりのときに、まぶたが二重でくっきりしていれば、自分が選ばれるかもしれない。

優作は、自分だけでなく、重井にも整形をすすめた。

「重井、おまえも芝居の道を進むなら、眼の手術をしろ。眼に、インパクトをつけたほうがいいぞ」

優作は、役者として、二重まぶたのほうがいい、と信じこんでいた。

が、重井の眼には、優作のまぶたは、一重も二重も変わらないように映った。

ただし、優作の役者として認められたいという人一倍強い執念には、感心させられた。

重井は思った。

〈おれは、芝居が好きで、その集団の中で最大に自分を活かしたい。が、優作は違う。役者でもなんでもいい、歌手だっていい。とにかく自分がスターになり、世間からスポットライトを浴びたいんだな……〉

実は、優作の母親のかね子は韓国人で、優作は戸籍は韓国名「金優作」になっていた。

優作が一重まぶたからあえて二重まぶたにしたのは、韓国人には一重まぶたが多く、それから逃れたかったともいえる。

整形手術した直後、優作が故郷に帰った。兄の東が優作の二重まぶたを見て驚いた。

「優作！　おまえ、どうしただ⁉　女の眼のようになって……」

血脈

優作は、その後、金子信雄が主宰する劇団「マールイ」に入団し、そこで一人の女性と運命的な出会いをする。彼より一カ月早く入団していた、熊本美智子との出会いであった。

二人は同棲を始めた。

私は、芸能人を描くとき、本人が国籍について告白していない限り、取材の過程で国籍が日本人でないと分かっていても、書かないことにしている。政治家や経済人などいわゆる公人で、その国籍であることが一般の人にとっても大きな意味を持つ場合には書く。

芸能界には、どちらかというといわゆる在日韓国人の人が多い。競争の激しい芸能界で生き残るには、そのようなハンディを背負った中を生き抜いてきた者の根性が活きるのであろう。

私は、ドイッチャーの『非ユダヤ的ユダヤ人』という作品を大学時代から愛読しているが、その中にユダヤ人に天才的な芸術家などすぐれた人物がなぜ多いかについてこう書かれている。

「ユダヤ人は、歴史的に国を追われて流浪を強いられたゆえに、ユダヤ人としての血の文化と、別の国の文化を少なくとも二つか三つは持たざるを得ない。二つの文化を所有することによって、一つの文化しか持たない人より優れた感性を磨いていった」

在日韓国人の芸能人たちも、二つの文化を持たざるを得なかったがゆえに、感性が磨かれるともいえよう。また、苦悩を背負わざるを得ないゆえに、たくましく鍛えられる機会も多い。

松田優作も在日という運命の中に投げ込まれ生き抜いてきた。

私は、優作の兄の東さんからもそのことを聞いた。

さらに、優作の最初の妻の美智子さんからも聞いた。

ただし、美智子さんの次に優作の妻となった美由紀さんの取材はかなわなかった。美由紀さんには、のちに役者となる龍平さん、翔太さんなどのお子さんがいる。

もし、美由紀さんが当時幼かった子どもたちに国籍のことを打ち明けていなかったら、子どもたちが、私が国籍について暴いたため、学校でいじめられるようなことがあるかも知れない。

私は、『蘇る松田優作』では、優作の国籍については、ついに触れなかった。

ただし、そういう制限ゆえに、優作の一面を深く掘り下げて描くことが出来ず、物書きとしては苦しかった。

美智子さんによると、次のような場面があった。

彼女が優作と世田谷区下北沢のアパートで同棲をしているとき、優作の出て行ったあと、箪笥《たんす》の上に書類らしいものが置かれていた。見ると、優作のパスポートであった。

彼女は、何気なくパスポートを開いて見た。驚いた。

優作のパスポートのはずなのに、韓国名「金優作」が書かれているではないか。

彼女は、眼を食い込ませるようにしてパスポートを見た。写真は、間違いなく優作である。

〈優作は、韓国人だったの……〉

優作は、彼女と同棲していたが、そのことに一言も触れたことはなかった。あくまで隠し続けていたのだ。

彼女は、パスポートを見たことを優作に気づかれてはならない。眼に止まったときの位置に置いた。

優作は、その夜、部屋に帰ってきた。

彼女は、自分が優作のパスポートを見たことを気づかれはしないかと、気が気ではなかった。思わず身を固くした。

優作は、部屋に入るや鋭い眼を箪笥の上のパスポートに走らせた。

おそらく、パスポートをしまうはずだったのに、しまい忘れて箪笥の上に置いたのでは……と心配だったのだろう。案の定、箪笥の上にパスポートが置かれている。記憶を蘇らせ、置いた場所から微妙に動いていることを察知したのであろう。

が、彼女に「見たのか」と問うことはなかった。

優作は、彼女に声をかけた。

「美智子、屋上に上がろう」

彼女は、優作のあとをついて、コンクリートのビルの屋上に上った。

ところが、『蘇る松田優作』では、物書きとしては苦しい思いをしながら、背景をまったく抜いて次のように描いた。

「優作は、彼女を誘って、ビルの屋上に上った。

優作は、屋上のコンクリートの囲いの上に座った。

優作は、彼女を呼んだ。

『おい、おまえもここに、腰を下ろせ』

彼女は、怖かった。

『いやよ。怖くて、そんなところに、座れないわ』

『いいから、来いって』

彼女は、仕方なく、優作の座っている右側に腰を下ろした。

その瞬間、下を見た。落ちれば、確実に砕け死ぬ。目まいをおぼえそうであった。

優作は、右腕をいっぱいに伸ばして、彼女の背後にまわした。

彼女は、体を強張らせた。

心臓が、どきどきする。

優作が、不機嫌そうに言った。

『おまえ、力を抜いていない』

『だって、怖いんだもの』

『おまえは、ここにおれの腕があることを、信じてない』

『そんなこと、言ったって』

彼女の体は、自分の腕が守っている。安心して、身を任せていればいいはずだ。優作は、そう主張していた。

おれが、おまえを守っていることを信じていないではないか。それは、つまりおれのおまえに対する愛を信じていないのと同じではないか、と切り込んできたのだ。

彼女は、優作の心の奥に潜む誰にも打ち明けることの出来ない闇の部分をのぞき見た気がした。

優作が、叫んでいるような気がした。

『おまえは、おれのすべてを愛しているのか！　おれの秘密をすべて知っても、なおおれを信じ続け、愛せるのか！』

優作にとって彼女は、母であり、姉でなければならなかった。限りない愛情で自分を見守ってくれなくてはならなかった。

が、彼女も、心の中で叫びたいときがあった。

〈私だって、あなたが、お母さんのような女性を求めるように、お父さんのような存在の男性が欲しいときがあるのよ！〉」

おそらく、読者は、優作が美智子さんを誘ってなぜ屋上に上ったか分からないので、この場面の深い意味が摑めなかったであろう。

私は、書きながら歯ぎしりをしたが、一線を踏み越えるわけにはいかなかった。

のちに、朝日新聞で、松田優作の国籍について書かれた。

それから、最近、作家となった松田美智子さんが『越境者』という松田優作の人生を書き、優作が在日韓国人であったことを打ち明けた。

新しいタイプのアウトロー

優作は、俳優として憧れる先輩を設定し、それを乗り越えようと必死になり、ついには次々と乗り越えていった。

優作は、美智子に夢を語った。

「おれ、芝居をやっているが、本当は、映画俳優をやりたいんだ」

「松田さんは、どんな俳優が好き?」

「『死ぬにはまだ早い』の黒沢年男だな。彼はいい」

「へえ」

「死ぬにはまだ早い」は、二年前の昭和四十四年に封切られた東宝のハードボイルド映画であった。監督は、西村潔である。

浮気した恋人を殺した、黒沢年男扮する若い男が、相手の男も殺そうと、恋人と待ち合わせたドライブインを襲う。が、ドライブインには、高橋幸治演じる元レーサーと、彼とたがいの日常の倦怠を埋め合わせしあっている緑魔子の人妻、草野大悟の陰気な男など九人の客がいるだけだ。目指す男は、いない。そこに警官が重要事件の容疑者を訪ねてくる。黒沢は、警官を射殺する。そのあとますます凶暴化し、客一人ひとりを、脅迫していく。〝密室〟の中で展開される若い男と客たちの心理的葛藤が、エネルギッシュに展開されていく。

優作は、野獣的ともいえる男っぽさを漂わす黒沢年男に成り切ったように、ストーリーを話した。

低い声は、さらに低くなっていた。彼の口から発声されているのかどうか疑わしいくらいであった。どこから聞こえてくるのか分からぬ声であった。

美智子には、優作の体全体が、まるで楽器のように感じられた。その楽器から音楽のように、声が響いてくる。

彼女は、眼の前の不思議な存在に、ぐいぐいと知らず知らず引きこまれていきそうな危ない予感をおぼえた。

「あの設定は、おもしろい。黒沢のあの役を、おれがやったら、どうやるか、いつも考えるんだ。あれは、おれがやりたい役をやっている」

危険な男松田優作は、熊本美智子の全生活を支配するようになった。

二人は、唐十郎主宰の「状況劇場」、寺山修司主宰の「天井桟敷」の公演をよく観に行った。

優作は、美智子に二つの劇団はとてもいい、と言う。

優作は、唐十郎や寺山修司以上に、清水邦夫の戯曲に惚れこんでいた。欠かさず観た。

清水の作品は、リアリズムの手法を離れ、世の安定を狂気で打破せんとしていた。

中でも、『狂人なおもて往生す』は、優作を打ちのめしていた。特に、主演の原田芳雄の虜《とりこ》になった。

美智子にも、眼を輝かせて語った。

「原田芳雄という、凄い役者がいるんだ」

原田芳雄は、昭和十六年二月二十八日、東京下谷に日本人形師を父として生まれた。優作より九歳年上である。

都立本所工業高校を卒業。四十一年、俳優座に入団する。

四十三年六月、ＮＥＴテレビ『十一番目の志士』に出演。勤皇派を追いつめる新選組副長土方歳三に扮し、迫真の演技をみせた。九月には、貞永方久、山根成之の共同監督映画『復讐の歌が聞こえる』に出演。非情な復讐をする主人公を演じ、映画デビューを果たした。

四十五年、日活アクション映画末期に作られた沢田幸弘監督の『反逆のメロディー』では、ジーンズの上下に黒眼鏡、長髪姿の暴力団員に扮した。組が解散したあとも、暴力団抗争に火をつけて暴走し続けるという姿は、圧倒的な共感をもって、優作の胸を揺さぶった。これまでのアウトローにない新しいアウトローのイメージを結晶させた点で、まったく新鮮であった。

考え抜いた役作り

『太陽にほえろ！』への出演が決まり、その撮影が近づくにつれ、優作は、自分が演じる刑事像の役づくりに集中した。家での優作は、ますます寡黙になっていった。

美智子は、息がつまるほどであった。

ある夜、優作が、ぽつりと言った。

「あと十センチ、背が低ければよかったな」

優作は、自分の背が高いことを、役者としては逆に邪魔だと考えていた。それまで、身長が百八十センチを超える役者で、石原裕次郎をのぞいて成功した者は少なかった。

美智子には、萩原健一に対する対抗意識を剥き出しにしてみせた。最初は、彼のことを「ショーケン」と呼んでいた。が、ある時から「萩原」になった。意識的に対等となろうとする気持ちが、そうさせた。

『太陽にほえろ！』で「マカロニ刑事」として人気を博したショーケンのあとを継ぐ優作には、プレッシャーがあった。優作は、『太陽にほえろ！』のショーケンが演じた死のシーンに衝撃を受けていた。

ショーケンは、それまでの二枚目の死に方のパターンをくずした。立ちションベンをしているときに、後ろから刺される。ぶざまな死に方であった。

優作は、そのリアルな演技に衝撃を受けた。「人間なんて、かっこいいもんじゃねえんだ」それが、優作の考えであった。優作は、ショーケンの演技に賛同した。が、やるからには、ショーケン以上の刑事像を作らねば視聴者が満足しない。その重圧に、押しつぶされそうであった。

いよいよ初めての撮影に入る日、優作は美智子に言って出かけた。

「まあ、しゃあないか。カメラに映るまでは……」

優作が番組に登場する前、優作は、PRのために各雑誌や新聞社の取材を受けた。

優作は、過去についてあまり語らなかった。

優作が『太陽にほえろ！』に初登場したのは、昭和四十八年七月二十日放送の「ジーパン刑事登場！」だった。ジーパン刑事こと柴田純役で出演した。

当日の読売新聞のテレビ欄『試写室』には、次のような批評が載った。

「今夜から身長一メートル八五の大型新人・文学座研究生の松田優作が登場する。一年間、主演を続けてきたショーケン（萩原健一）に代わってどう番組を支えていくかが今後の見どころ。警察学校を卒業して七曲署へ新人刑事として赴任してくる設定だが、その前祝いに仲間と飲み過ぎて無銭飲食でつかまり留置場から出勤するという出だしは、この番組らしい型破りなスタートだ。演技者としての松田は、ノッポな割に動作がすばやく、低音で語るセリフもしっかりしているし、憂いをたたえた横顔はゾクゾクするほどの魅力がある。しかし、正面、特にアップでとらえた表情は視線が定まらず、硬さが目立つ。山口県出身、二十二歳の松田は素質は豊かだが、いささか粗けずりのところもある。どう育てるかはまだこれから先の課題といえよう」

優作は、四十九年に入った頃から、『太陽にほえろ！』から去るときのことを考え始めた。つまり、番組の中で死んでいくということであった。

優作は、ショーケンの死の場面を思い出した。負けるわけにはいかなかった。いかに死ぬか。優作は、最後のセリフを、考え続けた。

四十九年八月、優作にとって最終回にあたる『太陽にほえろ！』の撮影がおこなわれた。優作が『太陽にほえろ！』に登場して一年一カ月が経っていた。

タイトルは、「ジーパン・シンコ、その愛と死」。ジーパン刑事が、関根恵子演じる同僚の婦警シンコに愛を打ち明ける。結婚しようと決めた日に死んでいく。しかも、自分が助けた男に殺されるという設定であった。

岡田プロデューサーは、優作のナイーブさが、この設定を最高のものにしてくれるはずだと信じた。

ラストシーン。ジーパン刑事は、犯罪に巻き込まれた気の弱い青年を助けた。ジーパン刑事は、犯人との格闘の末、左の二の腕を撃ち抜かれている。錯乱状態の青年は、近寄るジーパン刑事にピストルを発射する。ジーパン刑事の形相と血を流している姿に、おののいたのであった。青年の撃った弾は、ジーパンの腹部に命中した。ジーパン刑事は、一瞬宙に浮いたかと思うと、ドサッと腹ばいのまま地べたに倒れ落ちた。ジーパン刑事は、何が起きたかさっぱり分からない。起きあがりながら、青年に言う。

「何をやってる、それをよこせよ」

ジーパン刑事は、青年から拳銃を受け取ろうとする。青年はジーパン刑事の血だらけの姿を見る。「ワーッ」と発狂したような声をあげる。逃げていく。

ジーパン刑事は、初めて何が起きたかに気づく。腹に両手をあててみた。その両手を、おそるおそる顔の前にかざす。両手には、血がべっとりとついている。ジーパン刑事は、目を剥き出すようにして叫ぶ。

「なんじゃ、こりゃー!」

ジーパン刑事は、愕然とする。膝を、ガクッと折る。血だらけの両手を、じっと見る。

〈ああ、おれは、撃たれたんだ……〉

両手で、顔を覆う。両手を、顔から離す。顔一面に、血。ジーパン刑事は、訴える。

「おい、帰ってきてくれよ。……死にたくねえよ……」

ジーパン刑事は、そのままゆっくりと後ろ向きに倒れ落ちる。あおむけになる。おのれの死を意識していく。手を胸のポケットに入れる。煙草を取り出す。血のついた手で、煙草を唇に持っていく。火を、つけようとする。が、火をつける力は、もはや残っていない。

優作が、考え抜いたラストシーンの演技だった。

番組は、八月三十日に放送になった。

原田芳雄と妻美智子

優作はショーケンが主役のドラマ『傷だらけの天使』を見るたびに、思っていた。

〈いつか、おれも、あんな洒落たドラマをやってみたい〉

優作は、『傷だらけの天使』のショーケンも、高く買っていた。

優作は、美智子の前でも萩原をほめた。

「いいなあ、ショーケンは」

美智子も、頷《うなず》いた。一緒になってショーケンの魅力を具体的にならべたてた。

すると、優作はむっつりと押し黙ってしまった。

そのうち、美智子を、チクリ、チクリと皮肉り始めた。その皮肉が、ひとつひとつ的を射ていた。口惜しいが、反駁出来ないような指摘ばかりだ。

〈でも、なんで急に、いま言いだすんだろう。意地が悪いわ。私が気にしている私の欠点ばかりを、たて続けに言うんだもの〉

不機嫌になり、皮肉を言っていじめるのは、美智子が、ショーケンのことをほめすぎたからなのであった。

ショーケンは、歌手ではあるが、役者としてのショーケンの才能を優作は認めていた。

優作は、昭和四十九年公開の『竜馬暗殺』で、憧れの原田芳雄と初めて共演することになった。優作は、原田には、かつて「かおり会」で初めて会っていた。「かおり会」は、文学座の桃井かおりが主宰していた。桃井は、優作の文学座の二期先輩にあたる。

「かおり会」は、不定期に、新宿のゴールデン街の酒場で開かれていた。そこへ、偶然、優作も飲みに行っていて、原田に会ったのである。

原田は、藤田敏八監督の『赤い鳥逃げた？』という映画の桃井かおりを観て、「かおり会」へ参加する気になったらしかった。

優作は、原田と知り合うや、渋谷の大山町にあった原田の家を訪ねた。

二、三度原田家を訪ねたあと、美智子も機会があって一緒に訪ねたことがあった。

優作は、そのとき、手土産としてバーボンを携えて行った。

優作の原田への惚れこみようは、尋常ではなかった。萩原健一とは別に、強く意識していた。美智子から見ても、しゃべり方など、あきらかに原田の真似をし始めていた。

優作は、原田の家に向けて歩きながら、美智子に言った。

「原田さんは、正調の二枚目役じゃない。前に映画を観て思ったんだ。おれも、ああいう形で映画をやっていけたらいい」

ひと呼吸おいて、言った。

「原田さんは、自分のやっていることが間違っていない、と見せてくれている人なんだ」

具体的にどこが凄い、とは説明しなかった。

原田家に着き、和やかな雰囲気の中で、原田と話し込んだ。

原田が言った。

「おれは、遊びという意味が、分かっていなかったよ」

松田は、黙って聞いている。黙っていては、会話にならないはずなのだが、二人の間では、成立しているようだった。

話の内容は、冗談も多かった。

原田が言った。

「おれは、自分の家庭では、子供に『お父さん』とは呼ばせないんだ。そのまま、芳雄と呼ばせている」

原田の発想は、優作には、とても新鮮だった。子供と対等な付き合いをしていく。これこそ、真の親子像ではないか、と思ったのである。

優作は、のちに自分の子供が生まれたとき、子供たちに、自分を「お父さん」と呼ばせなかった。あえて、「優作」と呼ばせた。原田の影響であった。

優作は、原田への思い入れをさらに強くしていった。原田を呼ぶとき、「兄貴」と呼ぶまでになった。原田のような「兄貴」になりたい。はっきり、そう認識していた。

のち優作の主宰する「F企画」には、優作より年上の仲間もいた。が、優作は、年上の仲間にすら、自分のことを「兄貴」と呼ぶよう強要した。

黒木和雄監督の『竜馬暗殺』は、坂本竜馬が暗殺されるまでの三日間を描いた映画である。

原田芳雄は、坂本竜馬を演じた。優作は、石橋蓮司らとともに、竜馬を襲うテロリスト役であった。

憧れの役者との共演である。

優作は、この映画で、のちに、スタッフや俳優仲間の間で語り草になるシーンを残した。

優作は、剣の達人のテロリストの役である。神社の扉の前、片膝立てた優作が、長い刀をすらりと抜いて、殺気を見せる。

原田と石橋は、このシーンをスタジオの隅でにこやかに見学していた。

緊張のあまり、一気に抜かなければならない刀は、途中で引っかかってしまった。原田の視線を意識するあまり、よけいに緊張した。

十回近くリテイクを繰り返したが、なおOKがでない。

休憩のあと再開された。

結局、優作は、同じシーンを二十四回も撮り直した。

昭和五十年九月二十一日、松田優作と熊本美智子は結婚した。同棲して四年目のことであった。

挙式もせず、区役所での入籍だけであった。

優作の原田芳雄への憧れは、ついに原田の家の隣りに引っ越しさせるまでになった。

昭和五十三年の秋、渋谷の大山町の原田の自宅の真裏の洋館が空いた、という情報が美智子の耳に入った。美智子が優作に教えると、優作は言った。

「すぐにでも、引っ越そう」

美智子は、さっそく物件を見に行った。

その洋館は、いままで美智子も優作も住んだことのないような、大きな屋敷であった。

美智子は、優作の言うとおり契約をし、原田の家の真裏に引っ越した。

原田家では、毎年恒例で「もちつき大会」を開く。

優作も、さっそく真似をしていた。中央林間のアパート時代から、庭で原田家のもちつき大会とまったく同じもちつき大会を開いていた。しかも、日まで同じ、十二月二十八日であった。

美智子は思った。

〈前年まで原田家の『もちつき大会』にお邪魔してたのに、今年から急に行かない。しかも、自分の家でまったく同じ日に同じことをするなんて、失礼じゃないのかしら……〉

が、優作は、止めようとしなかった。

「もちつき大会」は、ついに決行された。庭の塀をはさんで、ふたつの「もちつき大会」がおこなわれた。

結局、松田と原田の共通の友人は、ふたつの家を塀を越えて行き来した。

ある客が、松田に言った。

「めんどうだから、この塀を、とっぱらっちゃいましょうよ。塀をくりぬいたら、いいじゃないですか」

優作は、ぼそりと言った。

「そこまでしたらケジメがなさすぎるだろうが」

狼のように

優作は、昭和五十五年大藪春彦原作、村川透監督の『野獣死すべし』に主人公の伊達邦彦役で出演した。

この作品は、かつて仲代達矢が、ニヒルなスーパーマンとして演じていた。

優作は、仲代のイメージの逆を狙った。拳銃も撃てない、ナイフを握るときに手が震えてどうしようもない、およそ肉体で勝負しない役に設定した。

優作は、彼流の伊達邦彦を演じるために、八キロも体重を落とした。

自宅で美智子の料理を食べる以外、外ではまったく食べなかった。

優作はあきらかに『レイジング・ブル』のロバート・デ・ニーロを意識していた。

デ・ニーロは、引退したボクサーを演じるため、本当に二十キロも体重を増やしていた。

俳優は、ほんらいメークで化けるもの、とされていた。メークでなく、デ・ニーロのような化け方は、邪道とされてきた。

優作は、デ・ニーロのやり方を意識して、苦しみながら八キロも落としたのであった。

優作は、平成元年十月七日日本公開のリドリー・スコット監督のニューヨークと大阪を舞台にした壮大なアクション映画『ブラック・レイン』の狂暴で残忍なヤクザ、佐藤浩史役のオーディションを受ける。優作は見事にスコット監督の心を摑んだ。

マイケル・ダグラスや高倉健との共演が決まり、念願のハリウッド進出へ一歩踏み出した。しかし膀胱がんで血尿が出ていた体調と病状は一向に回復を見せず、悪化していった。

それゆえに優作の鬼気迫る渾身の演技が、他の俳優を圧倒した。それはまるで孤高の狼のようだった。

墓標はただひと文字「無」が刻まれた

優作が西窪病院に入院する直前、『ブラック・レイン』が、全米公開された。三週連続全米トップの動員をはたした。

優作の演技力は、アメリカでも、高い評価を得た。

黒澤満社長のもとには、さっそくアメリカから優作に対する契約申し込みが届いた。ショーン・コネリー監督、ロバート・デ・ニーロ主演作品への出演依頼であった。優作を、デ・ニーロの相手役で使いたいという話であった。『ブラック・レイン』を見たプロデューサーが、優作に惚れこんだのである。

黒澤社長は、西窪病院の優作を見舞った。アメリカからの話を伝えた。優作は、目を輝かせて言った。

「黒澤さん、またオーディションじゃないでしょうね」

『ブラック・レイン』では、オーディションに合格しての出演であった。

「今度は違うな。プロデューサーが、優作の顔を一刻も早く見たいから、すぐ飛行機で来たいと言っている」

優作にとって、デ・ニーロは、若い頃から目標としていた俳優であった。共演は、夢であった。

かつて優作は、「PENTHOUSE」一九八八年十月号のインタビューで、デ・ニーロについて熱っぽく語っていた。

「おれ、『キング・オブ・コメディ』までは、ある程度とらえられる距離にいたつもりだったんだ。だけど、あれを観て、ほとんど絶望を感じたね。完全に落ち込んじゃった。今世紀、生きてるうちは、とてもじゃないけど勝てっこねエ。だからそのあとは、デ・ニーロがどんな役をやっても、ただ観てるだけだ」

――どういう点が、勝てっこないと？

「デ・ニーロが役のために、体重を何キロも増やしたり減らした話は有名だろ。しかしあれ、単に体重の問題じゃなくて、例えばヤツの細胞の中を電子顕微鏡なんかで覗き込んでみると、分子にくっついてる微粒子が踊ってんじゃないかみたいな、何かそんな感じがするんだよ、今。ことによると、デ・ニーロは体内に自分でつくれる覚醒剤でも持ってんじゃねエか？　何ていうか、役者として誰も行かなかったところに、デ・ニーロは触ったような気がするんだ。もうとても、オレなんかとは比較になるようなもんじゃねエよ」

長年の夢だったデ・ニーロとの共演も、病床の上では諦めるほかなかった。優作は、治療に専念するしかなかった。病を克服すれば、いつかまたデ・ニーロとの共演が可能になるかもしれない。数日後、優作の再検査の結果があがってきた。

優作のがんは、骨盤骨から脊椎の一番下まで転移していた。すさまじい痛みが伴うはずだが、優作は、ひとことも「痛い」と言わなかった。

優作の体は、すでに手術が出来るような状態ではなかった。山藤は、そのことを告げた。

優作は、苛立ちを山藤医師にぶつけた。

「そんなに悪くなってるなら、どうして言ってくれなかったんだ！　もし言ってくれていたら、おれは、『ブラック・レイン』のあとのテレビドラマなんて、やらなかったかもしれない。煙草も、酒も、やめていた」

山藤医師は、やさしく言った。

「それは、前からお話してあるでしょ。煙草やお酒をやめて、自分で節制して治るものなら、『ブラック・レイン』の仕事に入る前からとっくに私はすすめてますよ」

患者に罵られることは、医師の宿命だと山藤医師は思っていた。どんなに頭で病気を理解して納得しても、患者は、一度は必ず苛立ちをぶつけてくる。医師になって以来、何度も経験してきたことであった。そしてその時期を過ぎると、患者たちは、すべてのものがスッと消えて、しだいに聖人のようになっていく。

松田優作は、平成元年（一九八九）十一月六日、入院中の西窪病院で膀胱がんの腰部転移により死去した。

八日、三鷹市禅林寺で告別式がいとなまれた。優作がライバル視した原田芳雄、萩原健一らも参列した。

享年四十歳。優作の墓には、ただひと文字「無」と刻まれた。

第二章
夏目雅子
散り際の美しさ

五社監督が語る人間夏目雅子

筆者は、週刊誌の「アサヒ芸能」の平成三年九月五日号に掲載された「大下英治の『斬り込み対談』」で、ゲストとして五社英雄監督を招いて対談し、夏目雅子の鮮烈な生涯について語ってもらった。

五社英雄は、昭和四年（一九二九）二月二十六日、東京府北豊島郡滝野川町大字西ヶ原（現・東京都北区西ヶ原）で生まれる。

父親はもともとは、吉原の近くで飲食店を営んでいたが、英雄が誕生した頃は古河財閥の使用人で用心棒のような仕事をしていた。母親は英雄を産んだ時、四十二歳と高齢であった。英雄は、五男三女の下から二番目の子にあたった。

中学を中退した昭和十九年（一九四四）に第十三期として予科練に入った。

が、予科練入隊間もなく、日本脳炎の初期症状を患った。正式入隊が四カ月遅れたため実戦には参加出来なかった。本土決戦用の水上特攻隊の演習となり、同期の多くが特攻隊として散っていく中、生き残る。

英雄は、福知山市の飛行機工場で終戦を迎えた。

復員後、英雄は一家を養うために食料調達に奔走し、米軍基地の売店でアルバイトをする。基地の軍用品を銀座の闇市に横流しをして金を稼ぎ、明治大学商学部へ入学。

大学卒業後、五社は映画監督を目指し、各映画会社の就職試験を受けたがすべて不合格となる。

一年間の就職浪人を経たのち、少しでも映画界に近づくためにと、マスコミ業界を目指し、民放ラジオ局のニッポン放送に就職した。

その後、テレビドラマの演出を志望し、昭和三十三年にフジテレビに出向。翌昭和三十四年一月に正式移籍して社員となる。

丹波哲郎、平幹二郎、長門勇のテレビ時代劇『三匹の侍』全二十六話は高視聴率を保ち続け、大成功を収めた。

昭和四十四年にフジテレビが映画製作に乗り出すと、五社は、『御用金』、『人斬り』のアクション時代劇を大成功させ、ヒットメーカーとなる。

映画のヒットもあり、映画部長に就任するも、丹波哲郎発案の『ジキルとハイド』の内容が過激すぎて、試写を見た上層部が難色を示して、映画部長を解任される。

チーフプロデューサーとして報道部へ異動となると、ドキュメンタリーなどを製作する一方で、東宝で『出所祝い』、東映で『暴力街』などを監督するも、ヒットせずに終わる。

さらに、元日本国粋会の森田政治が結成した「蒼龍会」の理事長に就任したことで、フジテレビの上層部との関係も悪化する。

昭和五十二年十一月、五社は、現場から外され、調査役として総務局の経営資料室に左遷となるが、『雲霞仁左衛門』や『闇の狩人』の監督を務める。

一九八〇年代になり、ふたたびフジテレビが自社製作ドラマを復活させようとすると、五社を現場復帰させる。

いっぽうで、当時の五社はプライベートで災難にみまわれていた。昭和五十四年末には妻が二億円の借金を残して家出する。

昭和五十五年七月二日に五社は拳銃所持の銃刀法違反容疑で逮捕される。罰金刑だけで済むものの、七月三十日にフジテレビを依願退職する。このスキャンダルで、オファーがあった『魔界転生』の監督の仕事もなくなってしまう。

不遇をかこうことになる五社だが、親友で映画プロデューサーの佐藤正之と佐藤から頼まれた東映の岡田茂社長の尽力によって、東映の『鬼龍院花子の生涯』を監督し、映画界に復帰する。映画は、夏目雅子の大胆な演技も話題を呼び、昭和五十七年六月に公開されると大ヒットとなり、復活を果たす。

五社はその後も、『極道の妻たち』、『吉原炎上』、『肉体の門』、『226』など意欲的な作品を発表し続けるが、がんに侵され、平成四年八月三十日に死去。『女殺油地獄』が遺作となった。

彼女に賭けた理由

大下　監督の女優論というのを少し伺いましょう。印象に残ってるというとやはり夏目雅子さんですか。

五社　そうですね。彼女が亡くなったこともありますが、やはり強い印象が残ってますね。夏目君はだれにでも好かれた。そして私にだけ死の予告みたいなシグナルを出していた。確か今年が七回忌だからもう話してもいいと思うんですが、昭和五十七年に公開された『鬼龍院花子の生涯』の企画はつぶれそうだったんです。最初は大竹しのぶでやる予定だったんですが、どうしても彼女は私とはやりたくないという。アクション監督に女が分かるはずはないという。「アホんだら！　おまえはなんぼの女優じゃ」。しかし、そのほかのキャスティングでは格落ちになる。悔しいが企画流れの寸前だった。ちょうどそんなときに夏目君がぼくの家に電話かけてきたんですよ。「事務所に行ったら、たまたま台本があって、読んだら主役の松恵の役は、私しかいない。ぜひ私にやらせてほしい」と言ってきたのです。

大下　相手からというのは珍しいことですね。

五社　もちろんです。それもぜんぜん面識ない人からなんですから。なのに「これからお宅に直接伺います」っていうんです。

大下　あ、そんな積極性持った人なんですか。

五社　そうなんですよ。私はあの人がテレビドラマの『西遊記』で三蔵法師かなんかで頭坊主にしてテレビに出てるのしか知らない。モデルあがりのタレントの卵ぐらいと思っていた。だから抱かしてくれるなら別だけど、そんなのいちいち家に来られたらかなわないと思いましてね。
大下　アッハッハ。
五社　ところが「顔だけでも見てください」と言って、十分ぐらいで私のアパートのドアを叩きました。彼女入ってくるなり、いきなり土間に『鬼龍院華子の生涯』の台本置いて、その上にどかんと座って「私はこの本に乗りました」っていうわけですよ。目を据えて。一発でのまれましたね。
大下　凄い話ですね。
五社　で、それからくだけて、いろんな話をしましたけど、結局私は夏目君で絶対勝負を賭けてみようと決意したわけですよ。

原作は、高知出身の直木賞作家・宮尾登美子の同名小説。映画のストーリーは、次のように展開される。

大正十年、夏目雅子演じる松恵は、仲代達也演じる土佐の大親分である鬼龍院政五郎の養女となった。

松恵は、政五郎の身の回りの世話を命じられたが、鬼龍院家では主屋には岩下志麻演じる正妻の歌が住み、向い家には妾の牡丹と笑若が囲われている。その向い家に政五郎が出向く日を妾二人に伝えるのも幼い松恵の役割りだった。

ある日、政五郎は女や子分たちを連れ土佐名物の闘犬を見に行った。そこで漁師の兼松と赤岡の顔役である末長の間で悶着が起きる。

政五郎の仲介でその場はおさまったが、末長は兼松の持ち犬を殺すという卑劣な手段に出た。怒った政五郎は赤岡に出むいたが、末長は姿を隠していた。

帰りぎわ、政五郎は末長の女房の秋尾の料亭からつるという娘を掠奪《りゃくだつ》した。

この確執に、大財閥の須田が仲裁に入り一応の決着はついた。が、以来、政五郎と末長は事あるごとに対立することになる。

これが機縁となってつるは政五郎の妾となり、鬼龍院の女たちと対立しながら翌年、女児を産んだ。花子と名付けられ、政五郎はその子を溺愛した。

勉強を続けていた松恵は、女学校に入学した。

昭和九年、土佐電鉄はストライキの嵐にみまわれ、筆頭株主である須田の命を受けた政五郎はスト潰しに出かけた。

そこで政五郎はストを支援に来ていた山本圭演じる高校教師の田辺恭介と知り合い意気投合、須田から絶縁されるハメに陥った。

だが政五郎は意気軒昂、田辺を十六歳になった花子の婿にし一家を継がせようとした。が、獄中に面接に行かされた小学校の先生となっていた松恵と田辺は、互いに愛し合うようになっていた。

やがて出所した田辺は政五郎に松恵との結婚を申し出、怒った政五郎は田辺の小指を斬り落とさせた。

そして数日後、政五郎に襲われかけた松恵は死を決して抵抗する。松恵は転勤を申し出、鬼龍院家を出た。

十六歳になった花子と神戸・山根組との縁談が整い、その宴の席で歌が突然倒れた。腸チフスだった。

松恵は鬼龍院家に戻り看病した。松恵の必死の看病も虚しく、歌は死んだ。

松恵はふたたび家を出、大阪で労働運動に身を投じている田辺と一緒に生活するようになった。

だが、花子の婚約者がヤクザ同士の喧嘩で殺されたのを機に、田辺と共に鬼龍院家に戻った。

南京陥落の提灯行列がにぎわう夜、花子が末長に拉致され、これを救おうとした田辺も殺された。

政五郎が末長に殴り込みをかけたのはその夜のうちだった。

それから二年後、政五郎は獄中で死んだ。

そして数年後、松恵がやっと消息を知り大阪のうらぶれた娼家に花子を訪ねた時、花子も帰らぬ人となっていた……。

クッキーフェイス

松恵を熱演した夏目雅子は、昭和三十二年十二月十七日、東京都渋谷区宮代町の日本赤十字社中央病院で、六本木二丁目の輸入雑貨店・亀甲屋の子として生まれた。

本名は小達雅子。亀甲屋は実際は荒物、金物、石鹸、亀の子たわしなどを扱う日用品雑貨の店だが、芸能界デビュー後は貿易会社社長の娘などと変更された。父は東京オリンピックのための道路拡張後に店をビルにし、貸しビル業などで成功した。三歳上には兄、十歳下に弟がいた。

小学三年生のときにテレビドラマ『チャコちゃんハーイ！』を見て、女優を志す。だが子役願望は母親に猛反対されかなわず、十七歳のときにヴィットリオ・デ・シーカ監督の映画『ひまわり』を映画館で見て衝撃を受けた。ソフィア・ローレンに憧れ本格的に女優を目指すようになった。

東京女学館小学校、東京女学館中学校・高等学校卒業。学生時代のあだ名は「ダテピン」。あけっぴろげでテストで悪い点数をとったときに限って「見て、見て！」と答案を見せたがるからとのこと。

昭和五十一年、東京女学館短期大学にそのまま進学してフランス語を専攻。入学直後に父の友人の伝手でタオルメーカー内野株式会社（現ＵＣＨＩＮＯ）のコマーシャルに出演。これはデビュー前で最初のテレビ挑戦だった。が、厳しい学校であったので、結局、短大は中退することになる。

その年、日本テレビ・愛のサスペンス劇場『愛が見えますか…』のオーディションで四八六人の応募者の中から盲目のヒロイン役に選ばれ、本名の小達雅子で女優デビューした。この時の演技は五十七回連続ＮＧを出され、「お嬢さん芸」と言われたほど拙いものであったという。

周囲から〝お嬢さん〟と見られることは後々まで彼女のコンプレックスであった。

昭和五十二年（一九七七）から八年間、山口銀行の広告に登場。その年、カネボウ化粧品のキャンペーンガールとなり、「クッキーフェイス」のCMで注目を集める。

さらに、イギリスの女性ヴォーカリスト、ティナ・チャールズ（英語版）が歌う同CMの使用楽曲「Oh！　クッキーフェイス」を自ら日本語でカバーし、CBSソニーよりシングルレコードをリリース、歌手としてもデビューした。

その年、TBSの『すぐやる一家青春記』で二回目の連続ドラマ出演。

さらに東映の『トラック野郎・男一匹桃次郎』にも、マドンナ（ヒロイン）の小早川雅子役に抜擢され、映画初出演を果たした。

これはカネボウのポスターを見た鈴木則文監督の判断によるもので、同シリーズでは初々しい女優や歌手をマドンナに起用するのが基本だった。鈴木監督は、当時の夏目について、「彼女はカチンコの事も知らなかった」と素人だったことを述懐している。

昭和五十三年には、日本テレビ系のドラマ『西遊記』で三蔵法師役を演じて人気を得る。「頭の形が良く、美しくて神々しい」と美貌が話題となった。ドラマ自体も好評で、この番組によって人気が高まり、バラエティー番組などにもタレントとしての出演が増えていたが、「本格的に女優を目指したい」と本人が直訴して、P&MM事務所から、文学座とつながりの深い其田事務所に移籍した。この時期以降、仕事は女優業中心となる。

昭和五十五年には、ドラマ『サンキュー先生』の一話で、いじめられっ子の姉役に特別出演。プロデューサー久世光彦からこれからの女優として推薦され、ドラマ『虹子の冒険』で初主演。

同様に夏目の女優としての将来性を見抜いた演出家和田勉によって『ザ・商社』のヒロインと

して大抜擢される。このドラマはＮＨＫの制作だが、上半身裸のヌードシーンがあった。

　これらドラマでの迫真の演技により女優としての評価を高め、「お嬢さん女優」のイメージを覆すことに成功した。さらにこの年は映画『二百三高地』にも出演。

　昭和五十六年に『野々村病院物語』に出演。ＮＨＫ大河ドラマ『おんな太閤記』にもお市の方役で出演。

バセドー氏病

五社　それで『鬼龍院花子の生涯』の撮影の初日に、冒頭とラストの部分のシーンを撮ったんですが、そのとき、彼女に何回も石段の上り下りをさせました。「どうして、こんなに何度も上り下りさせるのですか」と、にらみつけましてね。

　私は答えた。「これが映画だ。いくらおまえが疲れた顔しても、それは芝居の疲れた顔なんだ。何度も石段を上り下りしてるうちに、本当に体のシンから疲れてゲンナリとなる。そのときこそ初めてＯＫが出るんだよ」と教えたのです。

　そうやってＯＫ出して帰るときに、彼女が折り入って話があると言ってぼくの車に乗ってきた。

　そして「実はあすから一カ月ほど入院しなくちゃならない。その間なんとか別なところ撮ってつないでください」という。

「ウソはつきたくなかったけど、それを条件に言ったら永遠に主演のチャンスを逃してしまうからいままで黙っていた」という。「いったい何の病気だい」って聞くと、「バセドー氏病」だという。ブッシュ大統領も最近かかったやつですね。
大下　でもバセドー氏病では死にませんよ。
五社　あれは甲状腺の病気で、ほっとくと目玉が飛び出す病気でしょう。私はその程度のことは知っていたから、撮影の日程を組み直して彼女の言うとおりにしてやったわけです。で、一カ月ほどして彼女が現場に戻ってくると首筋に生々しい手術跡が五センチほどの長さについてる。「これだけの大手術したのに大丈夫か?」って言っても「いや、もう大丈夫。マカセナサイ」という。で、傷あとを全部分からないように工夫しながら撮りましたよ。
　手術後は酒の飲み方も凄くなってね。毎晩二時、三時までウィスキーをビールみたいにグイグイと飲む。しかし翌朝は九時になると衣装つけてスタジオ入りしてるから、だれも文句言えない。そんな感じで飲みながら撮って完成したんです。

「なめたらいかんぜよ!」

　この映画では、当初彼女のヌードシーンはスタントを立てる予定であったが、「他の出演者の女優さんが何人か脱いでいるのに、自分だけ脱がないのはおかしい。私も脱いで演技します」と本人が希望した。そのため事務所の大反対を受けたが、説得に説得を重ね、本人がヌードになった。
　松恵が、仲代演じる政五郎に犯されるナマナマしいシーンがある。
松恵の乳房もハッキリと映り、ういういしい太ももも妖しくめくられる。松恵はこばみ続ける。

政五郎は攻め続けながら、松恵にささやく。

「ほっておくと、悪いムシがつきかねん。おまんは、ワシのものだ。ワシのなさけと思え」

松恵は激しく拒みながら、枕元に置かれたグラスを握る。グラスは壊れる。

松恵は、壊れたグラスを掴み、自分の喉をかっ切って死のうとする。

政五郎は驚く。

「おまん、ワシが、それほど嫌いか」

政五郎は、松恵を犯すことを諦める。

「やー、悪かった。ごめんね」

夏目雅子のすさまじい覚悟であった。

松恵は、喪服に身を包み、亡き夫の田辺の実家を訪れ、遺骨を分けてもらおうとする。

が、小沢栄太郎演じる田辺の父親に断られる。

「田辺家の総領たるオラの子を死なしたおめえなんて、いにィいにィ、極道の娘に遺骨をやるくらいなら、犬や猫にやった方がマシや！」

松恵は、仏壇の前に立ちはだかる田辺の父親の胸を突き、仏壇の前の骨壺を開け、遺骨を掴み取る。

田辺の父親が、まわりにいる親戚の者たちに叫ぶ。

「おまえたち、早ぅ、つかまえろ、警察に突き出せぇ！」

松恵は、まわりを取り囲む親戚の者たちをキッと睨み据え、啖呵を切る。

「おまんら、何しゅうがよ！　わては、高知九反田の侠客、鬼龍院政五郎の鬼政の娘じゃきィ」

　ここから啖呵を切る。

「なめたら、なめたら、いかんぜよ！」

　この「なめたらいかんぜよ！」は台本にはなかったという。このセリフは話題になり、流行語にもなった。

夏目がついた「大きなウソ」

五社　高知で先行ロードショーやって大ヒット。東京に帰っても大ヒット。完成祝いは札幌でやって腰抜けるまで飲んだわけです。そのあと彼女は酔って腰が抜けちゃった。で、私がおぶったら耳もとで「私、監督にもうひとつ大きなウソついてるんだ」というんですよ。「何だい？」って聞いたら、急にウワーッと泣いて泣いて……私の背広がグシャグシャになるまで泣いて「そのウソは絶対に言えない」とむせびながら、私の耳もとで言ったのを、いまでもはっきりと覚えていますね。

　手術の後遺症のことか、それとも男の問題かなと勝手な想像しながら、私はそのまま忘れちゃったんです。

　夏目の迫真の演技は話題になり、この作品でブルーリボン賞を獲得。演技派女優としての地位を確立した。

が、授賞式では「これからもお嬢さん芸で頑張りたいと思います」とスピーチした。

その後、夏目は、『大日本帝国』『FUTURE　WAR』『時代屋の女房』『小説吉田学校』『南極物語』『魚影の群れ』『瀬戸内少年野球団』と出演していく。

五社　その後、昭和五十九年に公開される『瀬戸内少年野球団』の撮影を終えた彼女が、京都に寄るのでメインのスタッフと飲みませんか、と電話してきたんですよ。それで、京都で彼女とメチャクチャに飲みまくりました。明け方、あるバーの階段を上がりながら彼女が「私、結婚するの」と突然言った。「だれとだい？」と聞くと「ちょっと言えない人だけど、本当に好きな人が出来たの。それであたし、その人にもウソつくのよね」っていうんです。「何でだい？」と聞くと帰りの車の中でまたウワーッと泣き出した。その後間もなく、東京に戻ってから彼女は倒れたんです。

ディレクター伊集院静との恋

夏目雅子の「本当に好きな人」というのは、実は伊集院静であった。

二人の出会いは、昭和五十二年（一九七七）にカネボウ化粧品のキャンペーンガールとなり、「クッキーフェイス」のCM出演の時であった。彼女にとって初めてのCM撮影であった。

水着撮影ということで「露出が多い」と大反対だった家族の反対を押し切っての参加であった。

ベリー・ショートの少年のようなそれでいてどこか大人びた、健康的なセクシーさが魅力であった。

ＣＭ撮影の合間に、写真家の田川清美が、夏目雅子に声をかけた。

「雅子ちゃん、ちょっとバスタオルを外してみてくれる？」

その問いかけに、浜辺でデッキチェアに座って休んでいた夏目雅子は、何のためらいもなく、バスタオルを取り、田川が向けるカメラに笑顔を見せた。

その上半身は、陽に焼けているが、完全な裸体であった。

このポスターは、貼っても貼っても盗まれてしまい、これでは宣伝効果が出ない、とカネボウの担当者が頭を抱えたという。

夏目雅子のブレイクのきっかけを作ったこのＣＭのディレクターこそ、伊集院静であった。

この「クッキーフェイス」は、夏の注目の目玉商品となるため、芸名を本名の小達雅子から夏目雅子へと改名された。その名付け親も伊集院であった。

このときの撮影のロケ地は、北アフリカチュニジアで、ここから伊集院との恋がはじまる。夏目雅子二十歳、伊集院二十六歳であった。

ところが、伊集院はそのときすでに結婚をし、子供までいた。

伊集院静は、昭和二十五年（一九五〇）山口県防府市で生まれた。在日韓国人二世であった。

出生当時の氏名は、「趙忠來」であったが、日本に帰化した際、西山忠来に変えた。

山口県立防府高等学校を経て、立教大学文学部日本文学科を卒業した。

広告代理店電通勤務を経てＣＭディレクターになる。電通時代に最初の夫人と結婚、一児をもうける。

伊集院は『週刊現代』平成二十二年（二〇一〇）九月十八日号の『妻・夏目雅子と暮らした日々』で、夏目雅子について書いている。


「彼女と初めて逢ったのは、昭和五十二年（一九七七）の一月、パリでした。今もありますが、ノルマンディホテルの天井裏のような一室でした。

夕刻スタッフがホテルに到着しました。その中にキャンペーンのパンフレットや小冊子用のモデルとして小達雅子さんがいたんです。スタッフに連れられて彼女のいる最上階の部屋に挨拶に行きました。

最上階と言っても狭くて粗末な部屋でした。天井裏ですね。メインのモデルと違いますから、仕方ありません。その部屋の天窓から月明かりが差していたベッドサイドにちょこんと女の子が一人座っていました。

女の子というより何か小動物というか、小鹿みたいな感じでした。振り向いた顔を見ると「ずいぶん古風な面立ちのモデル」を選んだんだな、というのが第一印象でした。

その時十九歳になったばかりで女子大生に見えました。

『パリも日本とおなじ月なんですね』

そんな言葉を最初に聞いた気がします。

『一生懸命頑張りますので、よろしくお願いします』とはきはき挨拶されました。

その夜、食事の後で私はクライアントと制作の責任者に提案をしました。それまでモデルはすべて外人でしたが、

『日本人女性のモデルでやってみてはどうでしょうか』

『どこにそのモデルがいるの』

『パンフレット用で来ている女の子はどうでしょうか』

それで皆なして彼女にもう一度逢いに行きました。

撮影地もアフリカのサハラ砂漠にしました。

大変な撮影でした。ラクダを集めてくれと注文すると三日三晩砂漠をかけてやってくるんです。朝テントを出るとラクダだらけ。

彼女、初めてラクダに乗っての撮影も、もともと運動神経がいいんでしょう。難なくこなしていましたし、砂漠を走るシーンも炎天下で何度もトライしていました。

頑張り屋でしたね。サハラからスペイン領のカナリア諸島、パリでの撮影……と強行軍の撮影を無事にやってくれました。一か月が過ぎると顔が変わってましたね。

人の注目を浴びることでの変化というか、おそらく本来内に潜んでいたものが表に出始めたんでしょうね。

最後はフランス〝ヴォーグ誌〟の表紙になって撮影してもヨーロッパの一流のモデルと比べてもそん色ありませんでしたから。」

「夏目雅子になってからは、それは驚くほどの勢いでスターダムに昇って行くのを応援しながら見ていました。

再会したのは一年後くらいでしたが、今は失くなりましたが六本木の狸穴にある蕎麦屋でした。

その店で私がかなり酒を飲んで帰ろうとしたら店の女将が駐車場まで来て、

『飲んで運転しては困るから車は置いて行ってくれ』と言うんです。

あの頃、飲んでも平気で運転する人が多かったんです。すると彼女が女将に、『私が運転しますから』と言い出して、送ってくれたんです。

『免許はあるんですか』と聞くと『無い』　と言われてびっくりしました。

『でもお父さんの車を内緒で運転したことがある』って。

その時彼女は少し痩せていて顔色もよくなかったんです。

『大丈夫ですか』と訊くと『連絡するのでまた蕎麦屋に連れて行って下さい』と言われました。

それから半年ぐらいしてまた再会しました。

もう、〝女優〟さんでした。

それでもスターぶったところが全然なくてパリで逢った頃と同じでした。

私は結婚していましたし、子供もいましたから付き合うということはまるで頭にありませんでした。

当時彼女は山の手の大きな邸宅に住んでました。

私は学生時代の後半、横浜で沖仲仕なんかをやってましたからドヤ街の近くの焼き鳥屋や立ち飲みの酒場や、鮨屋に一緒に行きました。

誰にでも気さくで天真爛漫でしたね。人を分け隔てすることがない。そういうことを知らないんだと思うんです。

しかしそういう付き合いも長くは続きませんからね……。

マスコミに発覚して、クライアントが制作会社に事の真相をただしてきました。会社に迷惑があっては、と、その日に私は辞表を出して辞めました。

マスコミにはひとつの記事でしかないでしょうが、人間一人、職を失うこともあるんですね。

しかしその会社は退職後も一年給与をくれました。犠牲にしてしまったという気持ちもあったのでしょうが、いい社長さんでありがたかったです。

今はもうありませんが逗子の海に面した真ん中辺りに『なぎさホテル』という古いホテルがありました。

そこに彼女が仕事が終わると来るようになりました。ご両親は私のような男が相手だと嫌だったでしょうね。

何しろ無職の上に酒は浴びるほど飲むし、ギャンブルはやるし、喧嘩をするし、いいところなんか一つもありませんから。

それでも彼女は休みになると遊びに来ていました。ホテルの従業員の人と遊んだり、茅ヶ崎、鎌倉へよく出かけました。

由比ヶ浜にあるお鮨屋さんの御夫婦と知り合い、大変世話になりました。

このご夫婦には後に結婚する時に仲人までしていただきました。恩人ですね。結婚のきっかけはよく覚えていません。

正直、私は彼女は世間が分かってきたら私のもとを離れていくだろうと思っていましたから。結婚の報道で、彼女から押しかけたと言ってましたが。そんなことはありません。それは二人の意志でそうしたんです。

彼女が私の子供たちやらに気を遣ってそう発言したんです。

〝チョゴリを着て花嫁になりたい〟というのも私の父への気遣いです。

そういう性格でした。彼女のそういう思いやりに私はずいぶんと助けられました」

伊集院が夏目と深い関係になったとき、夫人は二人目の子供を宿していた。

伊集院は、夫人がその子を出産する前に家を出た。つまり、夫人の妊娠中の不倫だったのである。

さらに伊集院は、夏目だけでなく「翔んでいる女優」の異名を持つ桃井かおりとも絡んでいた。

夏目は、激しい恋の中で、伊集院との愛を貫こうとする。

伊集院は、夏目との不倫関係が始まって三年後、夫人と離婚した。

夏目雅子の母親のスエは、一貫して娘の芸能活動にも反対し続けていた。

「泣きたくても泣いたり、笑いたくもないのに笑うような、そういう世界は嫌です」

伊集院との結婚にも猛反対し続けていた。

が、雅子の訴えについに折れた。ただし、一つだけ条件をつけたという。

「嫁ぐときは、夏目雅子として出て行くのではなく、小達雅子として出て行くのよ」

夏目は、やがて伊集院との婚約会見を開いた。

雅子は、いつも家でつけている真珠のネックレスをつけ、声をはずませた。

「私のようなおしゃべりな娘が部屋の中で、朝から晩までワイワイしていると、楽しくなるんじゃない、と彼に言いました」

ひまわりのように明るく天真爛漫な笑顔であった。

昭和五十九年（一九八四）八月二十七日、ついに夏目と結婚した。夏目は二十七歳であった。

媒酌は、二人行きつけの鎌倉長谷寺近くにある寿司店主夫妻。結婚式は、この寿司店で内輪だけでおこなわれた。

後日、神奈川県鎌倉市由比浜の自宅で記者会見を開いた。

新婚旅行はどこに行きますか、と訊かれ、夏目は伊集院の父親のふるさとという意味で、「韓国です」と答えている。

夏目は、五社に、その好きな人、伊集院にも自分の病気については嘘をついていたと打ち明けていたのである。

昭和六十年（一九八五）二月十四日、夏目にとって初の座長公演である舞台『愚かな女』のPARCO西武劇場での公演の最中、十円玉大の口内炎が出来た。

さらに激しい頭痛など極度の体調不良を訴える。それでも泣きながら、「這ってでも舞台に戻る！」と頑なに出演続行を望んだ。

　その夏目本人を何とか説得して、共演の西岡徳馬の勧めにより、翌日の二月十五日、慶應義塾大学病院に緊急入院した。

　急性骨髄白血病と診断された。ただし、夏目本人には「極度の貧血」とだけ告げ、本当の病名は伏せていた。

　夏目の入院とともに、夫の伊集院は、仕事をすべて辞めて、彼女が亡くなるまで、二百九日間、夏目の母親スエらと看病にあたった。

　彼女の母親スエは、それまで娘の芸能活動に反対し続けていたが、娘が入院して初めて病室で娘と一緒に娘の出演する作品を観て、ベッドの彼女に話しかけた。

　その時彼女はとても喜んでいたという。

白血病

五社　入院中、マスコミが騒いでいる最中に彼女からハガキがきて、独和辞典を送ってくれという。
大下　いったい何に使ったんでしょう。
五社　ぼくも病院に入ってから分かったんですが、たぶん自分のカルテを読み込みたいためだったんでしょうね。バセドー氏病で手術したときにリンパ腺にもがんが転移してるんじゃないかとうすうす感じたんじゃないかな。

夏目は、入院中、伊集院が見舞いに部屋に入ってきたときは、どんなに苦しくとも、大輪の花のような明るい笑顔を見せたという。それどころか、若い当時は、神経質でつい尖りがちであった伊集院に語りかけた。

「もう少し、笑顔になって。私、笑い顔を教えてあげるから」

伊集院は、『大人の流儀』第五弾『追いかけるな』で、夏目の入院中の姿について書いている。

「当時のテレビのワイドショーは、芸能ニュースで芸能レポーターが報道の自由と称して好き勝手な報道をしていた。妻はテレビを観るのが好きだったから、治療の入院とはいえ、過酷な化学療法がない時は時間をもてあました。

今、思い出しても、白血病という病気は奇妙（表現が適切ではなかろうが）な病気だった。治療以外の時間、病室で休んでいる時は、端で見ていて、健常者と何ひとつかわらない。正常ではない白血球が増えて来るまで何も分からないし、本当に病気なのか、と思ってしまうこともあった。同時に、次の朝、目覚めると、奇跡が起きていて、医師も驚嘆する結果が出て、退院し、外を走り出すのではと思ったりした。

それは逆に表に病魔の気配があらわれない分だけ不気味であった。

テレビを観せて、ワイドショーで、彼女がそういう病いだとレポーターが言い出せば、当人に病気のことは伝えなかったので、知った時の動揺を考えるとテレビを部屋から出すしかなかった。

『この病棟にはテレビは置かない規則なんだよ』

『分かりました』

こちらが言うことはすべて素直に聞いてくれた。

しかし実は、彼女は他の病室にテレビが置いてあるのは知っていただろうと思う。

或る日、彼女が検査でどうしても別のフロアーまで行かねばならない時があり、私は病室に残った。すると隣りの隣り、病室をひとつ隔てた部屋のテレビの音が聞こえて来た。

『そうか、分かっていて従ってくれているのだ……』

と思い、やるせない気持ちになった。

検査を終え、車椅子に乗って病室に戻って来た彼女が、Vサインをして私に笑いかけた時、その明るさに苦笑いをした。

――なんだ、助けられてるのはこっちか」

『週刊現代』平成二十二年（二〇一〇）九月十八日号の『妻・夏目雅子と暮らした日々』でも伊集院は書いている。

「治療が始まるという八月の宵、神宮の花火大会があったんです。病室からそれが見えると医師から聞いて楽しみにしていました。輝くようなものが好きでしたからね。

当夜、窓辺に抱きかかえて花火を見せたんです。ところが途中で、疲れたからと言ってベッドで休み始めました。入院して、私、初めて不安になりました。

急に花火の音がうるさく思えてね」

夏目は、入院して約七カ月に渡る闘病生活を送りながらも順調に回復し、退院間近の報道もあった。

が、八月下旬から抗がん剤の副作用が原因と見られる肺炎を併発した。高熱が続き、九月八日に熱が一時的に引いた。

が、翌九日からふたたび高熱を発し、意識不明の重体となった。

九月十一日午前十時十六分、逝去した。二十七歳の若さであった……。

『瀬戸内少年野球団』の監督の篠田正浩は、夏目の死を惜しんで話した。

「夏目雅子は、とても清潔で、エロチックでした。彼女に匹敵する女優はオードリー・ヘップバーンくらいじゃないですか」

自分の人生はこんなもの

五社　亡くなってからしばらくして、彼女のお母さんから彼女の写真を渡されたんです。死ぬ十日ぐらい前に撮ったもので、黒い布をバックに赤い長襦袢を着て、つま先立ちながらアゴを引いて、散り散りにした紙を口で吹き上げている。その紙吹雪の紙が、よく見るとカルテらしいんですね。私のカンなんですけど……。

大下　その意味を考えると、胸に迫るものがありますね。

五社「自分の人生はこんなものだよ」と、しょせん人間は死ぬんだとフッと吹いてるようにも見えれば、病魔そのものが書き込まれているカルテを破いて「バカ野郎！」とパーッと吹いているようにも見える。
大下　これだけで、ひとつの小説になるような話ですね。
玉社　これは大下さんが作家だから話すんです。作家だと分かるでしょう？
大下　両者にとって実に運命的な出会いだった。
五社　そう。私はいままでそういう運命的な出会いの人が多いんですよ。

私は、夏目雅子の兄の一男の嫁である女優の田中好子と知り合いという縁で、平成三年九月十一日の七回忌の命日前の九日に東京新高輪プリンスホテルで開かれた「夏目雅子を偲ぶ　ひまわりの会」に出席した。

伊集院は、この六年間は遊んでいたと振り返り、六百人もの出席者を前に、夏目について語った。

「お墓を実家（山口県防府市）に持って帰ったり自分勝手なことをしたが、雅子がどれほど皆さんに愛されていたかを今日改めて知った。彼女の分まで残りの人生を丁寧に生きていきます」

最後に夏目とのケジメも口にした。

「この日で六年間に一応の区切りをつけたい」

伊集院は、その翌年の平成四年（一九九二）七月十五日、『受け月』で直木賞を受賞する。

その直後の八月七日に、女優の篠ひろ子と再々婚をした。

なお、伊集院によると、夏目の通夜の席で、夏目の祖父に斎場の隅に呼ばれ、言われたという。

「君は若い。良い女性がいたら、さっさと次の家庭を持ちなさい。いつまでも追いかけていたら、まわりも不幸になる。それが大人の生き方だから」

伊集院は、そのときは、何を言い出すのだ、と驚いた。が、それから三十年後の『大人の流儀』第五弾『追いかけるな』で書いている。

「今は分かる。去って行った時間を、追っては行けない」

「親しい方を亡くされて、戸惑っている方は多いでしょう。私の体験では、時間が解決してくれます。だから生き続ける。

そうすれば亡くなった人の笑顔を見るときが必ず来ます」

第三章
高倉健
愛した三人の女

妻、江利チエミとの生活

高倉健と江利チエミの結婚、離婚については知られているが、高倉の他の女性についてはナゾめいている。

『鉄道員（ぽっぽや）』の撮影時、鉄道員の制服を着た高倉健は、撮影時の休憩時間、大竹しのぶ、小林稔侍、気心の知れたスタッフといった身内的な面々の前では、江利チエミのことを話した。

高倉は、人前に出るときは世間が求めている〝健さん像〟を演じているようなところがあった。しかし、仲の良いメンバーだけになると、途端に冗談を言い出したりする。気さくな人だった。

大竹は臆することなく高倉に話しかけた。いろいろなことを語り合い、休憩時間も、ロケ先での食事も一緒に過ごすようになった。

ともに時間を過ごす中で、高倉は江利チエミについても話をしてくれた。

高倉とチエミの恋愛中、高倉は日本に一～二台しかない高級車の助手席にチエミを乗せて環八を走っていた。

「私、降りるわ」

高倉が戸惑っていると、チエミは言った。

「あなたが走っているところを見たいの」

環八の隅にクルマを止めて、チエミを降ろした。チエミは、道路の脇に立って嬉しそうに高倉を見ていた。

「もう一回、もう一回」

手を叩きながら、チエミは何度も高倉に、走る姿を見せてくれとねだった。

その情景を、高倉は嬉しそうに大竹に話した。

〈高倉さんって、かわいい人だな〉

大竹は、そう感じながら高倉の語るチエミの思い出話を聞いていた。

昭和三十二年十二月封切り予定のチエミ主演の東宝映画『サザエさんの青春』の撮影の合間、世田谷区砧にある東宝撮影所の片隅である。

江利チエミは、迷いに迷ったあげく、清川虹子に相談した。

「ママの意見を、聞かせて欲しいの……」

チエミは、カメラを向けられていたときのサザエさんの明るいイメージとは打って変わった、深刻な表情で言った。

「好きな人が二人いるんだけど、どちらを選んだ方がいいかしら……」

「チーちゃんの好きな人って、誰」

「一人は、高倉健さん。健さんは、私に心から尽くしてくれるんです」

チエミが高倉健に初めて会ったのは、昭和三十一年の十二月であった。東映映画『恐怖の空中殺人』の共演のときである。

チエミは、持ち前の明るさを発揮してスタッフたちを笑わせた。スタッフたちは、ついつられて笑っているのに、高倉だけが赤い顔をして黙っているだけである。

チエミは、そのような高倉を見ながら思った。

〈なんて、内気な人なんだろう……〉

彼に次に会ったのは、昭和三十二年の五月三日であった。日劇で『チエミの黄金の椅子』に出演していたときである。

チエミが歌い終わって楽屋へ引き揚げると、鏡の中に見覚えのある顔があった。高倉健であった。

「突然に、どうして……」

「チエミちゃんの歌を聴いていたら、急に会いたくなっちゃって。おれは、ジャズが好きなんだ」

チエミが高倉に話しかけるうち、高倉も話に乗ってきた。

「恋人いるの？」

「いません。バリバリ歌うことが、私の恋人」

楽屋で二人は笑い合った。

高倉は、それから熱心にチエミにアプローチしてきた。チエミが兵庫県の宝塚撮影所で撮影をしていたとき、名古屋ロケを終えた高倉が、夜行列車に乗ってわざわざ会いにきた。その後も、洋服、宝石、時計のプレゼント攻めが続いた。

チエミが東京にいて、高倉も仕事が空いているときには、渋谷区千駄ケ谷のチエミの家に遊びにやって来るようになった。

チエミと高倉は、家に備えつけられていたピンポンで遊んだり、レコードを聴いたりした。

当時の高倉は、サラリーマンものの映画に二枚目スターとして出演していたが、芸能界の格としては、チエミの方がはるかに上であった。が、チエミは、高倉の情にほだされていった。

高倉は、いつもの無口なイメージからは想像もつかないようなひょうきんさも見せ始めている。チエミのドレスを着て、鬘《かつら》をかぶり、チエミと一緒に写真を撮ったりした。

チエミは、清川に言った。

「健さん、私に言ってくれるんです。ジャズ歌手なんて言うと、まるでドライな感じだけど、実際は、思いやりも深いし、いわゆる日本女性の古い伝統的ないいところをもっている。好きだ、って」

清川は、チエミに優しい口調で言った。

「チーちゃん、女は、花嫁衣装が似合ううちに結婚するものよ。あなたも、これだけスターになっているんだから、初々しいうちに結婚すべきよ」

チエミは、清川の一言で、高倉健と結婚することに傾いた。

昭和三十三年二月、高倉は、チエミの家を訪ね、父親の久保益雄の前で正座し、頭を下げた。

「お嬢さんを、下さい」

翌日、家族が揃《そろ》った席で、父親はチエミに言った。

「女は、好かれて結婚するのが、一番じゃないか。これだけ好かれていたら、幸せじゃないか」

父親の言葉で、家族の意見はまとまった。

チエミも決めた。

「あのひと、ふだんはおとなしいけど、これはと思ったところで、自分の持ってる限りのファイトを出して、ベストを尽くす。そんなところに、魅かれています。それに、私の方は、何でもすぐ表へパッと出してしまう性格でしょう。あの人は、無口でおとなしい。だから、結婚してもうまくいくと思うんです」

高倉健は、チエミが結婚を承諾するや、彼女にきっぱりと言った。

「おれは、歌手江利チエミをもらいたいんじゃない。おれがもらいたいのは、本名の久保智恵美なんだ。だから、いままでの名声や収入は、一切忘れてくれないか。たとえ貧乏しても、おれは、自分一人の力で女房を養っていきたいんだ」

チエミは、高倉の一声で、歌を捨てることにした。

昭和三十四年二月十六日、高倉の二十八歳の誕生日に、帝国ホテル孔雀の間で、チエミと高倉の結婚披露宴が華やかに開かれた。

結婚したときのマスコミの見出しは「江利チエミ結婚。相手は高倉健」だった。

そして、別れた時は、二人の立場は逆転していた。

高倉と多くの映画を共にした田中壽一プロデューサーは、高倉とチエミの破局は、仕方のないことだったと見ている。

高倉は、仕事に忙殺されていた。撮影は朝早くから夜遅くまで。仕事が終われば、上野毛の自宅がオアシスとなって疲れを癒してくれる。そう思っていた。

ところが、現実は高倉が望むものとは別の世界が待っていた。

チエミは、麻雀も酒も好きだ。そこに、『サザエさん』の母親役をやっていた清川虹子が、毎晩、若い女優たちを連れて高倉邸にチエミを訪ね、麻雀に興じ、食べたり飲んだり煙草を吸ったりと大騒ぎしている。

最初の一回、二回は我慢出来ただろう。しかし、それが連日となれば、気がおかしくなってもしょうがない。高倉は、帰っても休めない自宅に帰ることが嫌になっていた。

〈家に帰っても、しょうがない〉

しだいに、高倉は自宅に帰らず、ホテルなど転々とするようになっていた。

昭和四十四年のある日、三船プロダクションに江利チエミが姿を現した。

「田中さん、いらっしゃる？」

田中壽一は、昭和九年五月十三日生まれで、青山学院大学経済学部を卒業と同時に東宝に入社し、東宝撮影所演出部に配属されていた。田中は、その頃、チエミと出会っていた。チエミは、美空ひばり・雪村いづみとともに「三人娘」として東宝の一九五五年公開の『ジャンケン娘』など一連の映画に出演。また、映画の『サザエさん』シリーズにもサザエさん役として主演を務め、話題を呼んでいた。田中とは、その頃からの縁である。

その後、田中は昭和三十七年七月、三船プロダクション設立に参加し、三船プロに移っていた。

チエミが、開口一番こう言った。

「実は、ダーリンが東映を辞めるの」

思いがけない言葉に、田中は即答した。

「チエミちゃん、それはないよ。東映が放さない」

田中には、確信があった。

「だって、『網走番外地』、『日本侠客伝』、『昭和残侠伝』。これだけのシリーズを持っている高倉健を、東映が手放せるわけがないじゃないですか」

それでも、チエミは心配げな顔をしている。

「いや、ダーリンがそう言っているの」

真剣なまなざしを向け、田中に懇願した。

「だから、頼むわ」

それから数年後の昭和四十六年九月三日、高倉健と江利チエミは離婚した。

高倉のことを頼まれていた田中は、そのとき、チエミに言った。

「なんだ。チエミちゃん、別れちゃったじゃないか」

高倉は、相変わらず東映に所属していた。

自宅全焼と離婚秘話

田中は、チエミ側から離婚を切り出すことになったわけは、チエミの異父姉で家政婦兼付き人となっていた吉田よし子にあると見た。彼女は、経理の一切も任され、江利チエミの印鑑も預かることになった。なんと、チエミの預金を二億円にものぼるほど使い込んでしまったのだ。

〈チエミちゃんの中に、「自分の姉がご迷惑をかけた」という思いがあったんだろうな〉

高倉のチエミに対する想いは失われていなかったが、周囲の人たちに振り回されていくうちに、様々なわだかまりが高倉の中に積っていたのだろう。

高倉は、そんな気持ちを口に出すことはしない。どんどん、高倉の中に貯めてしまう。そんな姿をチエミは気づいていたはずだ。

それに加え、上野毛の自宅が火事で全焼したことも高倉の心の中に大きな傷を作っていた。

高倉は、犬五匹を飼っていた。その犬五匹が火事に巻き込まれ、亡くなってしまった。

のちに、高倉はこのときの悲しみを田中に吐露した。

「田中さん、犬たちが自分の部屋で、私がいつも座る方向を見ている姿で、五匹の亡骸があったんです。それが、もの凄く辛かった。私は、犬たちさえも助けられないのかと……」

　その後、約一年七カ月後のチエミとの離婚だった。

　昭和四十六年九月十三日、高倉は無精ひげを生やし憔悴しきった表情で東映京都撮影所で記者会見し、離婚の胸中を語った。

「チエミは……彼女が至らなかったと言っていますが、至らなかったのはボクの方です」

「チエミは良い女房でした。ボクは旅が好きで放浪ぐせがあったから、そんなところから、隙間風が入ったのかもしれません。十三年間の……」などと、最後までチエミさんをかばい男気を見せた。

　高倉と江利チエミとの離婚の原因のひとつに、江利が家で清川虹子らを呼び、毎夜のように麻雀づけだったこともある。

　高倉は、付き人ともボディガードともいえる西村泰治の京都の自宅に泊まっていくことも多かった。ある日、高倉が江利チエミと電話で話しているところを、西村は横で偶然にも聞いたことがある。

「健さん、もう許して。私が悪かったと思う。いろいろと反省したの……」

「そんなこと言ったって、もう仕方がないんだよ。あれだけ大きく新聞に載ってしまったら、両方にとってマイナスになるだけだ。もう、おまえと会うことは出来ない。やっぱり別れるしかないよ……」

マスコミに対して離婚発表をした後のことだった。

高倉は、この騒動の後、ハワイへ出かけていった。少し時間を置いて、チエミも高倉を追ってハワイへ向かったらしかった。

西村が、帰国後の高倉から聞いた話によると、チエミはハワイでも謝りながら泣いていたという。

電話のときと同じように、高倉はチエミの謝罪を断ったのだそうだ。

昭和五十一年、高倉は、東映を離れた。

田中は、江利チエミから高倉健が東映を辞めた後の仕事について頼まれていたことを思い出していた。

〈健さん、本当に東映を辞めちゃったな……〉

田中は、すぐ動き、企画を出した。

チエミの死で見せた高倉の懺悔

昭和五十七年一月十一日、江利チエミが亡くなった。

高倉は、西村泰治にこう命じた。

「泰治、ちょっとチエミの家の方の様子を見に行ってくれ」

西村が、港区高輪にあったチエミのマンションに向かうと、テレビ局や週刊誌などのマスコミ陣、タレントが多数集まり、ごった返していた。

「どうだった？　泰治」

「報道の人らがいっぱい来てましたわ」

「おれが今、チエミの家に行ったら、チエミの死んだことより、おれが来たということの方が大きく報道されてしまう。弔いどころじゃなくなってしまうだろう。だから、葬儀には行かないでおこう」

高倉は、チエミの葬式に出ないことを決めた。

ただし、高倉は、マスコミの目を逃れるようにしてチエミの自宅の裏に回り、西村とともに線香をあげた。静かに両手を合わせ、チエミの冥福を祈っていた。

江利チエミの死から間もない二月十五日の朝十時に、田中壽一プロデューサー宅の電話が鳴った。

「もう、日本にいたくない。田中さん、悪いけど、ご一緒出来ませんか」

「いいですよ」

チエミの死に打ちひしがれている高倉を放っておくことなんか出来ない。

品川プリンスホテルで高倉を車に乗せ、走り出そうとしたときだった。

「田中さん、『南極物語』、やりましょうか」

高倉と田中はロスへ飛び立った。

高倉の『南極物語』への出演に踏み切ったのは、江利チエミの死と深い関係があったのだ。チエミの死をきっかけに、高倉は比叡山随一の霊地であり、谷下を通して琵琶湖の風景を脱する幽玄境である飯室谷不動堂で滝行を始めた。

チエミの急逝のほかにも、高倉にとっては苦難の日々が続いていた。比叡山の僧侶に何か相談をしているらしかった。

高倉は、僧侶に打ち明けた。

「僕は、嫁はんが死んだり、不幸なことがいっぱいあります。苦労の連続です」

僧侶は、こうアドバイスをした。

「高倉さん、あなたは芝居の中で、たくさん人を殺してきているでしょう。あなた、そのことについて懺悔したことはありますか？」

「いえ、そんなことを考えたこともありません」

「懺悔するべきなんですよ。劇中で人を一人殺したら、一回ここへ来るつもりで、ここで懺悔すると良いですよ」

二月の本当に寒い日だった。

西村も高倉とともにふんどし一丁になり、お経を唱えて滝に打たれた。

高倉と西村は、滝に打たれながら、教わったお不動様のご真言を唱え続けた。

「なまくさまんだばさらなん

せんだまかろしゃな

そわたや。うんたらた。かんまん」

高倉は、長い時間をかけながら、真言を二十一回唱えた。


倉本聰は、昭和五十三年十二月、ドキュメンタリーNHK全特集『高倉健・北紀行〜さらば道産馬』を製作した。

その時、高倉はすごく機嫌が良かった。釧路の場末に魅力的なマダムのいる喫茶店があった。撮影中、高倉は気に入って、毎日のように通いコーヒーを飲んでいた。倉本も付き合っていた。

ある日、マダムが高倉に言った。

「こんな話、しちゃっていいのかしら?」

「なんですか、マダム」

「以前見えたのよ」

「誰が?」

「前の奥様が」

マダムは、江利チエミのことを口にしたのである。

すると、それまで上機嫌だった高倉がピタッと黙ってしまった。それから一切口を聞かないで、倉本に言った。

「行きましょうか」

それから、高倉の運転する車に倉本は乗り、釧路から十勝に向かった。

その間、高倉は、押し黙ったまま、まったく口をきかない。その間二時間近い。

鹿追のあたりに行って、突然高倉が口を開いた。

「なんで、あんなこと言うんですかね」

その沈黙は深いといえば深いし、恐ろしいといえば、恐ろしい。自分に踏み込んで来るな、という強い怒りなのであろう。

『鉄道員(ぽっぽや)』とテネシーワルツ

いよいよ来年平成十一年の年明けから『鉄道員(ぽっぽや)』の撮影を始めるという年の暮れ、「速報」を撮るために、高倉は鉄道員の衣装に身を包み、駅のホームに立った。夜のホームで、照明係がライトを当てて撮った。

高倉が、この映画のプロデューサーである坂上順に声をかけた。

「駅のホームで何か歌いたいんだよ。何かないかな」

突然、そう言われても、坂上に思いつく歌は限られている。

「民謡ですか? 唱歌ですか? 演歌ですか?」

高倉には自分の気持ちを整理したいという思いが隠されていたようだ。

高倉が続けた。

「ソニーの社長の出井(伸之)さんに、軽井沢の別荘に呼ばれて行ったんだ。そしたら、でっかいオーディオセットがあってな、『健さん、これ聞いて』って曲をかけた。そのとき、流れてきたのがさ、新しくアレンジされた『テネシーワルツ』でさ、アメリカの若い歌手が歌ってるんだ」

パティ・ペイジでもない、高倉のかつての妻の江利チエミでもない、新しい『テネシーワルツ』だ。

「出井さんがさ『健さん、よかったらどうぞ』って、それ、くれたんだよ」

その曲を、運転中に何度も聴いているらしい。

「おれ、それ聴いてると、やっぱりおかしくなるんだよね……」

話を聞きながら、坂上の脳内はベストな回答を求めて急速に回転している。

〈健さんの身体には、『テネシーワルツ』が染みこんでいる。でも、なんで『テネシーワルツ』がここで出てくるんだ……〉

締めくくりに、高倉は言い放った。

「だけどさ、『テネシーワルツ』じゃ、おれ、芝居にならないもんな。芝居、やってられないじゃないか」

同意を求めているようにも聞こえる言葉だったが、真意は分からない。

高倉は坂上にボールを投げるが、坂上は演技のことは正確に打ち返せない。

〈それでいいのかもしれないな〉

坂上がやってはいけないことは、高倉の言葉に下手に同調したり否定したりすること。ただ、高倉の話を聞くこと。やりとりをしながら、高倉は自分の気持ちを組み立てて、自分で答えを見つけていくのだ。

坂上は、監督の降旗康男《ふるはたやすお》に助け船を求めた。

「健さんが、何か歌いたいって言ってるんですけど、どうしましょう。『テネシーワルツ』じゃ芝居にならないって、言ってるんですよ」

降旗は即答した。

「それ、『テネシーワルツ』で決めればいいんだよ」

あの小説は全部夜だ。しかし、ナイト・シーンだけでは撮れない。デイ・シーンにして、どこでナイト・シーンの感じを出そうかって考えていたとき、ロケセットの出来具合を見に行った。雪の中の駅に灯りが灯っているのを見て、あっ、この駅にテネシーワルツが似合うと思っていた。

「いやね、だから、それが歌えないって、健さんが……」

降旗は笑っているだけで何も言わない。

「じゃあ、分かりました。一週間、考えてみてくださいよ」

それから、一週間。降旗が高倉と話している様子はない。

高倉から、坂上は聞かれる。

「監督、どう言ってる？」

一向に話が進むようには思えない。

駅のホームで撮影していたときだ。とうとう、待ち時間に、坂上は降旗に強く言った。

「監督、今日は、健さんと話して歌を決めてきてくださいよ」

「分かった」

いつもと同じ調子で、返事をする。

降旗は、高倉に言った。

「夫婦のシーンが回想でしか出てこないですから、印象づけるために、奥さんがいつも口ずさむ歌があったらいいね。かといって、日本の歌の中で探そうと思っても、〝夕焼け小焼けの赤とんぼ〟とか〝カラスなぜ鳴くの〟とか考えたが、それはちょっと古い。健さんだったら、例えばどんな歌がいいですかね」

「僕だったら『テネシーワルツ』だなあ……」

『テネシーワルツ』は日本が戦争に負けた後、アメリカの占領軍が入ってきて、ポピュラーになった歌だ。高倉たち世代には、やはりこの『テネシーワルツ』が大変合っている。『テネシーワルツ』に対抗出来る日本の歌は見つからない。

降旗は、高倉に迫った。

「健さん、テネシーワルツ、やはりお願いしますよ」

「そんな個人的なのは、まずいんじゃないんですか」

やはり江利チエミのことにこだわっている。

「もういいじゃないですか。先は短いし、死んじゃうんだから、個人的でいいじゃないですか」

「ええっ！」

その日、高倉が、坂上のところへやってきた。

「なんかさ、『テネシーワルツ』らしいんだよ。本当に、あの降旗は、狸なんだよな」

高倉は、まだ悩んでいた。

「監督さ、『テネシーワルツ』が一番いいって言うんだよ。坂上、どう思う？」

降旗からは「そんなの、『テネシーワルツ』で決めればいいんだよ」と、まるでどこかで委員会を作って決めたような顔をして言われていた坂上は、タイミングが来たことを悟った。

高倉に、はっきり返した。

「そりゃ、健さん、ぼくらは、それ聴きたいですよ」

こうして、曲は『テネシーワルツ』で決着した。

ストレートに答えが出るよりも、高倉と降旗の間で坂上がウロウロすることでクッションとなり、時間をかけて答えを見つけていくことで、高倉の葛藤していた気持ちのたどりつく先がみつかる。

坂上は、降旗の「それ『テネシーワルツ』しかないんだよ」の一言に、何ですぐ解るのかと感じていると同時につくづく感謝した。

〈降旗監督は、私にとって、やっぱり困ったときの救いの神様だ〉

降旗は、だんだんエスカレートさせた。高倉に言った。

「どうせテネシーワルツ入れるなら、健さんの口笛でも聞きたいですね」

高倉は、ファーストシーンの列車が走る中でテレシーワルツの口笛を吹く。

高倉が口ずさむ『テネシーワルツ』は、多くの人たちの涙を誘った。

高倉は、テネシーワルツを入れたことについても語っている。

「あれもね、夫婦には何か〝ふたりの歌〟みたいなのが、皆それぞれの人生にあると思うんです。例えば僕が演じた乙松と女房の静枝の中にそういうのがあって、乙松は静枝の前ではやらないんだけれども、本人のいないところでは口笛を吹いている。そういう歌を入れると情感が出やすいのかなと思って、僕の場合だと『テネシーワルツ』だと坂上ちゃんに言ったんですよ。それがそのまま監督に伝わって、ロケ地では、ハミングの音録りがしてあったんです。これをまた急に曲を変えたら、大竹さんは練習し直さなきゃならないですから、申し訳ないですしね。

でもこの曲が出たら、何か言われるのは嫌だと思いました。確かに、言い出したのは僕が言い出しましたね」

元妻への哀悼

大竹が「テネシーワルツ」を口ずさむことになった。大竹は、その指示を台本で読み、降旗監督に確認した。

「本当に、私が『テネシーワルツ』を歌うんですか？」

すると、降旗監督からはこのような返事があった。

「健さんが、『テネシーワルツ』が良いって言うんだ」

しかし、大竹にはなおためらいがあった。

〈本当に、私が歌って良いんだろうか。健さんにとって、この曲には特別大事な何かがあるよう

な気がするけれど……。その大切な世界に、私が入っていって良いのかな〉
そう思いながら、大竹は、何度も何度も江利チエミの歌う「テネシーワルツ」を聴いた。
北海道のロケ先で、自分の体の中に入っていくまで、ずっと聞いていた。
大竹は、自分で歌うために、この曲を改めて聴きなおして、実はとても寂しい内容の歌詞なのだということに気が付いた。

素晴らしい俳優には贅肉がない

高倉は、知られていないが、倍賞千恵子とも深い恋に陥っていた。

降旗康男監督は、昭和五十六年に製作した高倉健の主演映画「駅 STATION」で桐子役を演じた倍賞千恵子とは初めてで、東宝の喫茶店で会った。倍賞の最初の印象は地味な感じであったという。

が、最初の撮影の時に、「テストしましょう」ということで倍賞と再会した。降旗は、びっくりした。

〈こんなにきれいな人だったのか……〉

このひとは凄い、と本当に感じ入った。

倍賞千恵子が初めて高倉健と共演したのは一九七七年公開の『幸福《しあわせ》の黄色いハンカチ』である。

「記者会見のときに共演のみなさんとお茶を飲みまして、そこで初めて健さんにお目にかかりました。そのとき武田鉄矢さんがいろいろおもしろい話をしてくれて、みんなでゲラゲラ笑っているうちに緊張もほどけていったのですが、そんな中で健さんの第一印象はやはり『かっこいいなあ』でしたね。

ただ、現場ではやはり緊張しました。何せ私は目の小さいお兄ちゃん（渥美清）といつも仕事していましたから（笑）、対する健さんは〝眼力のある方〟というイメージでしたね。

また、私は夕張での回想シーンの出番がほとんどでしたが、最初にみんなで食事した後、お茶飲みに行くことになりまして、ちょうど雨が降っていたのですが、そのとき山田洋次監督が『倍賞君、健さんのところに行って兄弟何人いるのか聞いてきてごらんよ』とおっしゃるので、え？と思いながら健さんのところへ行きまして、そこでお話を伺っているうちに、いつのまにか相合い傘していました（笑）。緊張していましたので、結局ご兄弟は何人だったのか、いまだによく分かっていません（笑）。

夜、健さんが喧嘩するシーンを見学させていただいたときは、ドキッとするくらい怖かったですね。本当に近寄りがたい雰囲気で、ここで見ていてはいけないのではないかと思い、そっと帰ってしまいました」

『幸福の黄色いハンカチ』のラストシーンは、三日ほど風や雲の動きを見ながらの撮影で、その待ち時間の間に健さんと山田監督の雑談の中から生まれたのが『遥かなる山の呼び声』だったという。

「山田監督作品の中で、私は働く主婦をやらせていただくことが多かったのですが、『遥かなる山の呼び声』では夫を亡くし、酪農の仕事を続けるか辞めるかの瀬戸際にいる未亡人の役でしたので、このときは健さんと男と女の関係とでも言いますか、たとえば『行かないで！』みたいなお芝居をするのも初体験でしたし（笑）、さくらさんとは違う、濃密な〝女〟を演じさせていただきました」

これまでの二作は松竹映画だったが、三本目の『駅　ＳＴＡＴＩＯＮ』は東宝作品。

「すでに五社協定はなくなっていましたが、このとき松竹から出演を反対されまして、直接お話しさせていただいて、ようやく出演出来ることになった作品でした。

このときも健さん扮する主人公が私の情夫を射殺するシーンのとき、スタジオに入るなり張りつめた空気が流れていて、とても近寄りがたい雰囲気だったのを覚えています。一方で、やはり重要なシーンの際、暗がりの中で健さんがストレッチしている姿がとても印象的でした。

でも撮影が終わるとお茶目なところもいっぱいある方で、何かの打合せでお茶を飲んでいると き、健さんが急に時計をぱっと外してコップの水の中に落としたんですよ。『何してるんですか⁉』とびっくりして言ったら、『大丈夫、防水です』と（笑）」

高倉健は、渥美清や笠智衆と同じように、二度と出てこないタイプの俳優だと。

「山田監督が『素晴らしい俳優は贅肉がない』とよくおっしゃるんですけど、それは肉体的に太っている痩せているではなく、自信がない人ほど芝居で小細工をする。それが〝贅肉〟という表現になるのですが、その意味でもまったく贅肉のない芝居をされていたのが渥美さんであり、笠さんであり、高倉健さんであったと思いますし、私自身そういう人間、そういう俳優でありたいと願っています」

矜持を持つ

『駅　ＳＴＡＴＩＯＮ』の撮影は、順調に進んでいった。

高倉健演じる三上英次の母役に北林谷栄が出演していた。

北林には、地方でロケーションする際、現場近くにある老人ホームを必ず内緒に慰問することで有名だった。北林は、撮影現場に近い増毛にある老人ホームを慰問していた。

そのことが、スタッフの間で話題になっていた。

「北林さんが、また、慰問に行ったらしいよ」

その話題を聞いた高倉が、田中壽一プロデューサーに勧めた。

「われわれも、行きましょう」

雪が降る中、撮影の合間をぬって、高倉は老人ホームを慰問した。

老人ホームも、大喜びで高倉を迎えた。

「健さん、サイン下さい！」

普段の高倉は、サインを求められても応じることはない。それが、サインを求められれば素直にそれに応じていた。

よほど、高倉は嬉しかったのだろう。慰問から帰ってきた高倉はご機嫌で、食事中も老人ホームでの話題で盛り上がった。

その翌日のことだった。

「老人ホームで健さんがサインするたびに、制作担当者が一枚につき千円ずつ徴収していたぞ」

田中は、そんなことをしていた奴がいたとは、まったく知らずにいた。

当然、高倉の耳にも入っていた。

夜になり、高倉が田中を呼んで、こう言った。

「田中さん、すみませんが、タクシー運転手の村上さんを呼んでください」

言われた通り、タクシーを呼んだ。

高倉は、そのタクシーに乗り、「札幌グランドホテルまで行ってください」と告げ、札幌へ向かって行った。

田中は、すぐ気付いた。

〈ああ、これか……。俊藤さんが言っていたことは……〉

実は、田中は、『駅　ＳＴＡＴＩＯＮ』の撮影中に、東映の俊藤浩滋プロデューサーに呼び出された。

俊藤の事務所兼自宅は、青山一丁目にあるホンダ本社近くにあった。俊藤は、田中に言った。

「壽一ちゃん、健を頼むよ」

俊藤の言葉に、田中も返した。

「私が出来ること、力いっぱいやらせていただきます」

俊藤との会話は続いた。

「壽一ちゃんに、一つ、言っておくことがある」

「なんですか」

「健はね、時々、仕事の間に抜けちゃうんだ」

「えっ……、抜けるって、どういうことですか？」

「いやいや、抜けるって、突然いなくなるんだ。だから、気を付けてくれ」

札幌から車で着ていた田中は、すぐ高倉の後を追った。留萌から札幌までは、車を飛ばして三時間ほどかかる。運転しながら、田中は考えた。

〈このまま、健さんを東京に帰らせてしまったら映画は絶対ダメになる。しかし、悪いのはこっちだ。健さんが納得するまで、お詫びするしかないだろう〉

札幌グランドホテルにチェックインした高倉の様子は、やはりおかしかった。

「健さん、申し訳ありません」

そう謝っても、高倉の気がおさまる様子はない。どうやら、時間がかかりそうだ。そんな予感がした田中は、現場に残っている木村大作キャメラマンに連絡した。

「今、札幌にいる。降《ふる》さんにこのこと、分かるはずだから、おまえから話をしておいてくれ。その間、風景でもいいから撮っておけ。健さんは必ず連れて帰るから」

木村から力強い返事があった。

「分かった。こっちは、おれがやっておくから、健さん、頼むよ」

高倉の機嫌は、直らない。田中は何度も詫び、高倉の話を聞いた。

「老人ホームの人たちから集めたお金は、すぐに返してください」

「分かりました。すぐ、返しに行かせます」

田中は、留萌にいるスタッフに連絡し、集めたお金とお菓子、果物を買って、老人ホームまで届けるよう指示した。

辛抱づよく、田中は待った。

三日目になり、ようやく高倉の気持ちもおさまった。

「田中さん、帰りますよ」

倍賞千恵子の気遣い

留萌に戻った高倉は、夜になり撮影から帰ってきた降旗監督に謝った。

「みんなに迷惑をかけた。降さん、申し訳ありません」

次に、高倉は「倍賞さんに、時間をとってもらうよう頼んでくれないか」と田中に言った。倍賞もそれに応じた。

留萌の小さな部屋で、高倉、倍賞、田中の三人で話をした。

「倍賞さん、すみませんでした」

そう言って、高倉は頭を下げた。

「健さんね、東映さんはどうか知らないけど、こういうこと、松竹ではしょっちゅうあるわよ」

「そうですか。東映はないですよ」

「いや、松竹ではあるんですよ」

倍賞は、スターがサインをして、お金を取ることはよくある話だという。

いっぽう、高倉はそんなことはないと言って、倍賞に頭を下げて謝った。二人の間で、ある、ない、というやり取りは、ちょっとした口論のようになっていた。

倍賞と別れた後の高倉は、やはり倍賞の話を信じられずにいるようだった。

「田中さん、役者がサインをしてお金を取ることが、本当にあるのかな」

それから間もない夜。

「壽一さん、大変！　倍賞がいなくなった」

倍賞の女性の付き人が、慌てて田中の部屋にやってきた。

「えっ、そりゃ大変だ」

田中を始めスタッフのほかに、高倉までもが消えた倍賞を探しに、真冬の留萌の街を探し回った。

「ここにも、いないぞ」

冬の留萌の街では、飲み屋の店が閉まるのも早い。どこに行っても倍賞の姿はなく、探しても探しても、倍賞を見つけ出すことが出来ずにいた。

〈どうしようか〉

困り果てていたところに、高倉の声が響いた。

「倍賞さん、いましたよ！」

偶然にも、高倉が倍賞を見つけた。駅の廊下の脇に積った雪の中に、小さな洞窟のような空間があった。そこで、倍賞は寒さをしのいでいた。

なぜ倍賞は、突然、失踪したのか。

札幌へ消えた高倉に対して、倍賞は「松竹では、しょっちゅうあることだ」と言い、高倉に気にすることなどないと気を使ってやった。

それなのに、高倉は「そんなこと、あるわけがない」と反発し、倍賞の気遣いを無下にしたような形になった。

そこで、倍賞は、ある種、可愛げのある高倉への抵抗を見せての愛情表現だったのかもしれない。

高倉も、そんな倍賞にどんどん惹かれていった……。

いま、恋をしている

いざ『駅　STATION』で倍賞千恵子の撮影に入った。恋人が列車に乗ってやって来るのでは、と駅に迎えに行ったが、この日も恋人は現れず、しょげて引き上げるシーンであった。

そのシーンを撮っていて、降旗は参ってしまった。

〈ええっ⁉　初対面の時にはまるで人が変わったように華がある。この人、化ける……〉

倉本は、『駅　STATION』の撮影中、倍賞を見て驚いた。

〈なんてきれいなんだろう〉

いま恋をしているに違いない、という顔をしていた。倉本は、『あにき』でも倍賞に出演してもらい倍賞をよく知っていたが、絶頂期の倍賞だったという。

留萌線の始発・終着駅である増毛駅は、一九二一年開業。引き込み線や機関車の旋回場、車庫、国鉄の官舎などがあり、最盛期の五〇年代には年間三十五万〜三十六万人の乗降客があった。この映画の撮影から三年後の八四年には無人駅となり、駅舎の半分が解体される。

居酒屋「桐子」は、通称「四丁目」と呼ばれる留萌の飲み屋街の一角で撮影された。

高倉が、めずらしく倍賞千恵子について語っている。

「いいものが出来るときって、いろんなものが重なる。倍賞さんと恋をしていたように錯覚してしまう。嗚呼、これは映画だったんだなぁ。優れた腕利きの人達が、ちゃんとした大人を錯覚させてしまうんですから。それがやっぱり映画なんじゃないですか」

「あのあと何度か観ましたけど、倍賞さんは凄い女優さん。昔、マキノ雅弘監督が、『健坊。芝居は変化やで。変化がなければ何もおもしろくない。ぱっと白から黒へ変わるところが、俳優の見せ場なんやで。そこにお客さんは拍手するんだ』と。倍賞さんが（恋人を）駅に迎えに来ていて、駅員に『残念でした』と言われるシーンのあの格好。メイキャップもしていないように見せる、あのメイキャップ、色の選び方。夜の商売（居酒屋）で客を待っているときの格好、駅ものとはガラリと違う。男は今年のクリスマスにも、紅白歌合戦の時期にも帰ってこない。何となく摘まんでみようかと思う男がきた、というときの衣装や髪形、メイキャップの変え方。まるで別人ですよ。同じ人とは思えない。あれがいい女優というんでしょうね」

倍賞千恵子は、『駅　STATION』の桐子役について語っている。

「私は、そんなに激しい人とは思っていなかったんですよ。桐子は寅さんのさくらさんとは違い、目の前で男の人が殺されたり、男を待つみたいな女の部分では随分違っていましたが、私の中では拒否感もなにもなく、割と自然に入っていけました」

『駅　STATION』は美術部が凄かったという。初めて桐子の居酒屋のセットに入った時に、桐子がこうするだろうなと思うところに物が置いてあったのである。ゴミを捨てようと、ふっとゴミ箱を見たら、前の日に捨てたゴミがあったり、おでんの種が満杯ではなく程よい入り方だったり、テーブルにはタバコの焦がし跡があったり……。

セリフを言いながら、どうにでも動けた。とてもやりやすくて、かなり長回しでワンカットを撮っていたけれども、するっといけた。おかげで自然に動けて、すぐに桐子になれたという。

英次が「桐子」の店に入る。客は誰もいない。二人きりである。英次は、桐子に話しかける。

「昼間」

桐子、イカを皿に盛りつつ。

「ん？」

「駅にいただろう」

「アラ」

「……」

「あんた、どうして知ってンの」

「……見たンだよ」

「……ヤだ」

「いい女は一度見りゃ覚えるからな」

「芋の煮っころがし。サービスしちゃう」

「旦那の帰りかい」

「何」

「待っていたのは」

「アハハ、止してよ。旦那なんていないわよ」

「……」

「一人よ。独身。まだ処女。アハハハ、まさかこの齢で処女ってこたあないか」

「……」

桐子、「ハイ」と言って煮物を出す。

「うン」

桐子、テレビをじっと見ている。

英次、食う。

「おいしい？」

「ああ。うまい」

「正直に言ってかまわないからね」

「……」

桐子が訊く。

「あんたは？」

「何が」

「雄冬でおくさん、待ってるわけ」

「いないよ」

「ウソつけ」

「うそじゃないよ。いないよ」

「あんたもまだ処女！」

英次、笑う。

「処女はないだろう」

桐子、笑う。

「それもそうか」

「昔……一時、いたことはあったけどね」

「別れた」

「ああ」

「いつ頃」

「……十年以上前になるかな」

「以来独身」

「ああ」

「その方が楽ってこともあるしね」

「……」

テレビをぼんやり見ている二人。

英次、テレビを見たままポツリ。

「正月も故郷《くに》には帰らないのかい」

桐子「……」

「誰かいるンだろう？　まだ、歌登に」

「……」

「いるわよ」

「……」

「いるけどね」

「……」

「……いるからね」

桐子、テレビを観ながら言う。

「八代亜紀だ」

英次も見る。

桐子が声をはずませる。

「この唄好きなのよ私」

桐子手を伸し、テレビの音量を少し大きくする。

「舟唄」流れ出す。

聴いている二人。

酒を注ぐ。

飲む。また酒を注ぐ。

イカをつつきつつ聴いている英次。

桐子が語る。

「去年の正月、私の友達が、札幌のアパートでガス自殺してね。一月三日。すすきののバーにつとめてた娘」

「……」

「知ってる?」

「……何が」

「水商売の女の子にはね、暮から正月に自殺する娘が多いの」

「……」

「何故だか、判る?」

「いいや」

「男が、みんな家庭に帰るからよ」

「……」

「どんな遊び人もこの時期だけは、必ず家庭に帰っちゃうからね」

「……」

「辛くなるのよ。……そうなると急に」

「桐子」での倍賞が語るこのセリフについて、倉本が札幌のススキノで遊んでいた頃に、女の子から聞いて仕入れたネタの集大成であるという。

特に脚本づくりの核になったのは、ススキノの女の子たちには、暮れから正月にかけてすごく自殺者が多く出るという話である。札幌はいわゆる「サッチョン」、つまり札幌独身族、東京の大企業から一人で来るというサラリーマンが多い街である。地元の女の子と親しくなって愛人になる。ところが、暮れから正月になると、みんな東京にいる女房の元へ帰って、女の子は突然孤独になる。それで自殺してしまう子が多いという話を聞いて、倉本はすごく悲しいなあと思ったという。

ベッドシーン

英次と桐子は、翌日の大晦日。食事をし、映画を観、それから安宿で抱き合う。

倍賞演じる桐子が、ベッドシーンが終わったあと、英次に訊く。

「ねぇ、私――大きな声出さなかった？」

「いいや」

「前にそういうことを言われたことあるから」

英次が「大声なんか出さなかったよ」と言いながら心でボソリと思う。

〈樺太まで聞こえるかと思ったぜ〉

高倉健はこのセリフのことで、降旗監督のもとに出向いて「倍賞さんに失礼ではないか」と言った。

演じる役は、結局すべて高倉健だ、というのが高倉健本人の役に対する考え方だった。だから相手役との関係性でさえ、高倉健という人間の必然性がなければ演じられない。

が、降旗は答えた。

「いや、しかしこの場面では必要ですね。それに、倍賞さんは役者ですから」

降旗は、高倉の説得にかかった。

「倍賞さんが鏡の前で髪をすくう画も一緒に撮るから、健さんが思っているような感じにはなりませんよ」

降旗は、高倉を説得するのに十分もかかった。

降旗は、高倉のストイックなのは、九州男児としての人生観にもよると思っている。その部分からはずれたことにはかなり抵抗感があるのではないか。たとえ演技としてやる場合でも。

降旗は、さらに、その心の中のセリフに関しての撮影も、倍賞が眼の前にいるその場では語らせない配慮をした。あとでアフレコにした。

この撮影中、田中プロデューサーはあることに気づいた。

高倉には、電話での話し方に特徴があった。

「高倉です」

そう言って話し出すときは、仕事やプライベートの友だちとの電話。

「ああ、ぼくです」

自分のことを「ぼく」と呼ぶときは、何らかの関係がある女性との電話だった。

高倉の横で電話する様子を見ていると、あきらかに違ったので分かりやすかった。

もちろん、倍賞との電話でも、高倉は「ぼくです」と言って電話をしていた。


出演陣がいっせいに空港から帰るという日に、大雪が降った。共演した宇崎竜童が予約していた飛行機会社は、運休を決めてしまっていた。宇崎は、翌日にコンサートを控えており、どうしても帰らなくてはいけない状況だった。

宇崎が、困り果てていると、倍賞が声をかけてきた。

「宇崎さん、これで帰れば？」

自分が予約していたチケットと、宇崎の持っていた切符を交換しようと提案してくれた。宇崎は、倍賞の人柄の良さに心底感激してしまった。

宇崎自身は、高倉と倍賞が一緒にいる姿を見たことはない。高倉から、女性関係の話を聞いたこともない。ただ、宇崎は思っていた。

〈高倉さんには倍賞さんのような気遣いのある女性とお近づきになって欲しいな。できれば再婚して欲しいな〉

地で行く恋愛シーン

当時を知るある撮影スタッフによると、倍賞千恵子と高倉健は、結婚するつもりだったのではないかと思ったという。

こんなことがあった。『駅　STATION』の現場で、スタッフみんなで夕食をとっていると、高倉健の隣りには倍賞千恵子が座る。鍋の具をとって、「あーん」と箸で高倉健の口元に持っていくのだ。

高倉健も「あーん」と口を開けて食べている。

「見られたもんじゃない」とそのスタッフは当時を回想して笑う。

大晦日の夜、「桐子」で、英次と桐子が紅白歌合戦を見ながら二人だけで過ごす。この酒場のシーン。テストもせずに本番に行けたのは、高倉健、倍賞千恵子、二人の感情がこれ以上ないほどぴたりとはまっていたからだ。演技はすべて、その場のアドリブ。それを木村大作は、すべてカメラに収めた。

フィルム、一ロールでは十分間の撮影が可能だ。黒澤組でもそれは同じで、よーいスタートですぐに俳優がトチったりする。開始十秒で。そこで「フィルムチェンジ！」と怒鳴る。監督も怒った。もっと長いフィルムはないのか。

酒場のシーンは九分。一ロールでいける。そういう撮り方をした。カメラ移動する。

失敗したら大変だった。しかし、あの二人に失敗なんてありえない。

高倉健は、本番で何をやるか分からない。テストもやらない。段取りくらいは確認するが、そこでは本気の芝居は見せない。

だが、木村大作が撮影をしている限りは、何があっても撮ってくれるだろうという絶対の信頼があった。そこは、他のキャメラマンとの大きな違いだ。

高倉健と倍賞千恵子で、酒場のシーン。

二人はセットに入ってきたときから、いつ本番に行ってもいい雰囲気だった。だから木村は、ライティングから何から、ものすごくこまかくセッティングして、テストもしないで降旗監督に言った。

「行きましょうか」

降旗監督は、「そうね」と言った。

降旗はカットを割るのは嫌だった。

降旗は、二人にお願いした。

「続けてやってくれますか」

二人は、快く同意してくれた。

高倉は、元々そういうほうが合っているが、倍賞も同じだなと感じて、監督としてはとても楽であった。

二人で紅白歌合戦を観ている場面で、降旗は、カウンターにいる倍賞に聞いた。

「倍賞さん、ちょっと足を触っていいですか」

着物と足袋の間を空けて、足を露わにした。なまめかしさを暗示するためである。

倍賞は、「へえー」っていう顔をしていたそうである。

それ以外は、降旗が何もしなくてもやってくれる俳優であったから本当に楽であったという。

倍賞は、カウンターから出て高倉の肩に頭を寄せる。寄せたままテレビの「舟唄」に合わせて低く歌っている。

倍賞は、高倉の指に自分の指を妖しくからませ、うっとりとしている。

降旗は、二人のそのような妖しいしぐさについてはまったく指示していないという。二人に任せるのだ。

二人がそれぞれ工夫して演じてくれる。

「舟唄」が流れる。

倉本は、酒場「桐子」での高倉と倍賞のラブシーンを最初に画面で観た時、正直思った。

〈なんと、下手なんだ……〉

ところが、何回もこの映画を見るうちに、だんだん印象がよくなっていった。なにより、倍賞が良かったという。

降旗監督は、リハーサルをして、カット割りを決める。しかし、高倉になると、それもなくなった。三台のキャメラをどういう風に据えたら一回でいけるのか、工夫した。

複数キャメラは、『駅　STATION』からであった。その後、降旗は、木村キャメラマンと組んだ作品は、すべてそうである。

木村によると、監督の多くは、台本から少しでも逸脱するとNGを出してしまうものだが、降旗監督はそういうことはなかった。俳優に感情がちゃんと入って入れば、セリフが少々違っていてもOKを出した。監督本人がその場で聞いているのだから、そこで「いい」と思えたら全部OK。

あとでスクリプターが「このセリフ違ってます」と言ってくるけれど、降旗監督は、台本をじっと見て「いいんじゃないの」と言うだけだ。

木村によると、高倉健の感情の入り方。それは常人のなせる技ではなかったという。

テレビの紅白が終局を迎え、蛍の光の大合唱始まる。

撮影は本当の恋人のような息の合った雰囲気で続いていった。

二人は何故破局したのか

週刊誌の記者や芸能レポーターが大挙して、ロケ地の留萌に押しかけたことがあった。高倉と倍賞のスキャンダルを摑もうとしてのことだ。さすがにその時は撮影を中止して、旅館に閉じこもった。

高倉健と木村、田中邦衛、小林稔侍は風呂場の窓から抜け出して、別のホテルにこっそり移動し、コーヒーを飲んだりしていた。この時は週刊誌が大騒ぎになった。

高倉に最も迫ったと言っていい倍賞との熱愛を報じたのが、『週刊女性』だった。

昭和五十六年八月十一日発売号の《忍ぶ愛発覚！　彼女のマンションに……》と題されたその記事は、高倉さんが江利チエミさんと離婚してから、ちょうど十年がたったたときだった。

当時、『週刊女性』の記者として現場で取材していたのが、現在は芸能レポーターとして活躍している石川敏男。そのときの状況は、今でも鮮明に思い出すという。

「あのときは、ある映画関係者から、健さんが次の日から撮影で北海道へ発つから、必ずその前に倍賞さんの家へ行くよと教えてもらったんです。向かいのビルから彼女の部屋をのぞくと、楽しそうに料理を作っている。しかも、部屋には、当時、健さんがＣＭに出ていた三菱自動車の大きなポスターが貼ってあった。確信を持ちましたね」

そして、倍賞の自宅前で張り込むこと数時間。午後八時半頃に、三菱の車が一台、マンションの駐車場に入って来たのだ。

石川が語っている。

「運転席を見ると『駅　ＳＴＡＴＩＯＮ』のワッペンを貼ったつば広帽をかぶった健さんが乗っている。さらに、通い慣れているような感じで、迷わず駐車スペースに止めたんです。

おもしろいのが、管理人さんが車を見ると、さっと飛び出してマンションのエントランスを開け、しかも、エレベーターを呼んで〝開〟ボタンを押してすぐに乗り込めるように待ってたんだよね」

だが、高倉が車から降りてくることはなかった。なんと、張り込んでいる姿を見つけ、狭い駐車場の中をUターンし、マンションから立ち去ってしまったという。

「倍賞さんのマンション前で直撃取材しようと思って近づいたんだけど、ちょっとタイミングが早すぎたのかな、車から降りることなく逃げられてしまった。でも、現場にはカメラマンも含め四人いて、四人とも肉眼で健さんを確認しているんだ。それでも、決定的な瞬間を撮ることが出来なかった。

私の芸能記者生活の中でいちばんの大失敗。本当に悔しい思いをしたのを昨日のことのように思い出します」

この熱愛報道が出た翌週、映画の撮影中に行われた会見で、高倉は倍賞との関係について聞かれ、こう話したという。

「自分が決意する前にマスコミに先取りされてしまったことが心外なんです。今後は（二人の仲が）どういうふうに進んでいくのか、私にはまったく分かりません。二人は仲のよい友達なんです」

そして、この件について記者たちが質問しようとすると、映画関係者に急き立てられるように、会見場を後にしている。

「二人が付き合っているのは映画界ではけっこう知られた話でした。なんというか、結婚してくれたらいいなみたいな雰囲気があったのは事実です」

映画関係者によると、この報道が出たあとは倍賞のマンションに行くことが出来なくなり、彼女の所有する箱根の別荘で会ったりしていたそうだ。また、高倉は三菱パジェロを〝デート車〟にしていて、窓にスモークを貼って車内が見えないようにしていた。

高倉は、倍賞の頼みにも応じていた。

昭和五十八年の『居酒屋兆治』の撮影中、高倉から呼び出された田中壽一プロデューサーは、品川プリンスホテルのいつもの部屋に向かった。

「倍賞さんが五千万必要とされています。コマーシャルを年間二、三本でどうにかなりませんか」

高倉は倍賞から相談を受けたものの自分で動くことは出来ない。そこで、田中を頼った。

「分かりました。お預かりしましょう」

田中は、引き受けた。

高倉と倍賞の仲はすでに終わっていたが、一度でも縁を持った女性の面倒は最後までみるのが高倉健だった。

そこへ、タイミングよく、広告代理店の第一企画が田中のところへやってきた。

「倍賞千恵子さんのコマーシャルをやらせてもらえないでしょうか」

「いいですよ」

田中にすれば、願ってもない申し出だ。

「それでは、二本か三本で年間五千万。これで、いいですか」

「いいですよ」

「では、後は任せた」

田中は、これで倍賞のコマーシャルの話は決まると信じていた。

ところが、後日、電通のＣＭ局長が田中を訪ねてきて、こういうのである。

「田中さん、倍賞のコマーシャル、うちでやらせてくれ」

おそらく、電通が抱えているスポンサーから頼まれたのだろう。「第一企画から倍賞千恵子さんのコマーシャルの話が来ているんだけど……」との話が電通に行き、倍賞のコマーシャルを電通に譲ってもらうためにその局長は来たのだろうと田中は思った。

正直、電通ならすぐにコマーシャルの話は成立する。

だが、映画の世界は、最初に口をかけたところを大事にする習わしである。すでに、第一企画にお願いする話が決まっていたため、田中は断った。

「申し訳ないが、それは出来ない。すでに頼まれているところがあるので」

筋を通した田中だったが、現実は、田中が思い描いた通りにはいかなかった。

電通は、田中に断られたことで焦った。

〈こうなりゃ、倍賞を直接口説くしかない〉

電通は、田中の知らないところで倍賞と接触し、コマーシャルの話を進めてしまったようである。

結局、電通が倍賞のコマーシャルを撮ることになり、第一企画は外されてしまった。田中からすれば妨害工作をされたのである。

いっぽう倍賞は、必要とした五千万が手に入る。断る理由などない。

高倉は、倍賞から無事にコマーシャルの話が決まったと報告を受けた。おそらく、高倉は倍賞からこんな風に報告されたのだろう。

「電通からコマーシャルの話を頂いたのよ。電通は田中さんの所を訪ねて行ってお願いしたらしいけど、そのとき、田中さんはこの話、断ったらしいわ」

そんな報告を受け、高倉は思ったはずだ。

〈田中さんが断ったって……。あれほど田中さんを信じて、田中さんに頼んだのに、おかしいだろう〉

田中への疑いと怒りがおさまらない高倉は、降旗と木村に相談した。

「田中さんとは、もうやりたくない」

そう言う高倉に、降旗は言った。

「それならば、田中さんにきちんと話した方がいい」

『居酒屋兆治』が終わった後、田中は高倉に赤坂プリンスの旧館へ来るよう呼び出された。

「田中さん、これまで仲良くやってきましたが、どうでしょう。私、ここでちょっと、田中さんとは距離を置きたいと思うんです。もうこれを最後に、当分二人でやるの、止めませんか」

「ああ、そうですか。残念ですね」

田中は、突然の話に、何が起きているのか理解出来ずにいた。

〈まさか、映画で健さんが気に食わないことがあったわけではないはずだし……。一体、どうし

たんだろう〉

こうして、高倉と田中のコンビは解消した。

電通と倍賞のコマーシャルが成立したことを、田中はあとで知った。

田中は、第一企画からコマーシャルの話が来るものと思い、ずっと待っていた。しかし、裏で電通が動いたせいで、田中から高倉に倍賞のコマーシャルの話を伝えることが出来なかった。

田中は、初めて気づいた。

〈そうか……。そういうことだったのか……。健さんにしてみれば、自分の顔を潰されたと思ったんだろうな。それで、怒ったんだろうな〉

田中は、この事実を高倉にも、降旗にも、木村にも話さなかった。

実際、倍賞の仕事を決められなかったのは田中だ。高倉の気持ちも分かる。だから、仕方がないと諦め、真実を伝えることをしなかった。

そんな二人だったが、熱愛発覚から三年ほどで終焉を迎えたという。もし、あの熱愛報道がなければ、もしくは、決定的なスクープ写真を撮られていたら、二人の関係は違ったものになっていたかもしれない。

倍賞は、その後、八歳下の作曲家の小六禮次郎と平成五年に再婚する。

高倉は、マスコミが少しでも自分に関する恋愛記事を掲載した瞬間、相手の女性との連絡を、一切絶ってしまうのだ。

田中が高倉からそのことについて聞いたことはないが、高倉が相手の女性に迷惑をかけてしまうことを極端に嫌がっていたことは分かった。

〈高倉健自身の中に、自分の禁じ手として「相手に迷惑はかけない」ということがあるんだろうな〉

そのことが、高倉らしいと思えたりもした。

吉永小百合の心配

昭和六十二年（一九八七）には、エイズ騒動が巻き起こる。

西村泰治の自宅に、吉永小百合から電話があった。

「ねぇ、やっさん。健さんが亡くなったって聞いたんだけど……」

この件は、スポーツ新聞などに大きく「高倉健、エイズにより死亡」と報じられた。ニューヨークの病院で亡くなったという噂が発端となった。

吉永は続けた。

「やっさん、健さんの亡くなった病院に迎えに行って」

ロック・ハドソンが、同性愛者だと発言し、エイズで死んだ。高倉はその病院で死んだと言われていた。吉永は、その病院に出かけ、高倉の遺体を引き取ってきては、と言うのだ。

西村はとりあえず「分かりました」と言って電話を切った。

それから、間をおいて吉永に電話を入れた。

西村は驚かすように言った。

「吉永さん、今、実は、健さんはうちにいまっせ」

高倉は、西村の自宅に遊びに来ていた。

高倉のもとには、彼の母からこういう内容の電話があったという。

「いつでも、お母ちゃんが病気治したるから帰っていらっしゃい。私のそばで、病気を治してあげるから、帰っていらっしゃい」

結局、高倉は記者会見を開くことになった。高倉が、切々と語った姿を思い出すと、西村は今でも涙が出てきてしまう。

「僕が今回、こうしたデマを書かれて、一番悲しかったのはおふくろが泣いたことです。僕自身は、何を言われてもいいんです。けれど、おふくろが泣いたことがとても悲しかった。僕には、おふくろがいます。おふくろを泣かすようなことはしないでください」

風呂敷に包まれた豪華弁当

高倉は、ある時期、毎年のように長野県の善光寺を訪れていた。高倉自身が運転する自動車で、品川から出発して、約三時間。善光寺へ向かった。

メンバーは、高倉と西村泰治、それにオーディオやスピーカーを扱う会社を経営している男性。善光寺を訪れる面子には、ほかに理髪師の佐藤英明もいた。

高倉は、弁当を三つ用意してくれていた。

お重箱のような大きめの弁当箱が三つ。旅のメンバーは四人いたが、弁当三つを四人で分け合はないようだ。

うことになった。粋な風呂敷に包まれていて、中身の豪華さから、どうも市販されているもので

〈誰かが作ってくれたのだろうな……〉

西村は、そう思いながら、高倉に質問した。

「だんな、この弁当うまいがな。どこで売ってまんねや」

「おまえに言うと、すぐそこに買いに行くから、教えないよ。これはね、おまえみたいなヤクザ者は行けない場所で扱ってるんだ。特別な人しか食べられないものなんだよ」

「特別な人も何もあらしませんがな。教えてぇな、この弁当売ってる店」

「おまえには、絶対に教えないよ」

毎年続いた善光寺行きだが、その翌年には、弁当がなかった。

「あの弁当だけが楽しみでやってまんねん。あの弁当、買うておくんなはれ」

西村は、高倉の前で大袈裟に残念がって見せた。後にほかの人から聞いたところによると、高倉はこう言っていたらしい。

「泰治は勘がいいから、何でも知ってるんだよ。弁当のことなんて教えたら、すぐ人に言ってしまうからな」

西村は、その弁当は、のちに突然養子として登場してくる彼女の作ったものであるという。そのことを西村に勘付かれるのが嫌だったのだろう。

最後の女性、養女　小田貴月

高倉健は、平成二十六年（二〇一四）十一月十日、悪性リンパ腫でこの世を去った。八十三歳であった。

死後、突如、高倉の養女として小田貴月が登場して世間を騒がせた。

彼女は、その死を高倉の親族にも知らせず、葬儀を執りおこなった。

なお、高倉と彼女の関係を知っていたのは、彼女の母親と養子縁組の際に保証人になった人物との二人だけであったという。

それから五年後の令和元年十月三十日、小田貴月による初の手記『高倉健、その愛』（文藝春秋刊）が上梓され、十七年間にもわたる秘密のベールが開かれた。

彼女は、昭和三十九年（一九六四）に東京で生まれた。学生時代にスカウトされて芸能界入り。昭和五十九年（一九八四）から「貴倉良子」の芸名で女優として活動を始めた。『必殺仕事人』や『水戸黄門』などの時代劇にも出演している。

その後、平成元年（一九八九）からホテルライターや、テレビディレクターに活動の場を移していた。

彼女が月刊誌の『文藝春秋』令和元年十二月号の『高倉健「二人だけの十七年」』で語ったところによると、高倉と出会ったのは、平成八年（一九九六）三月半ばのことだった。

彼女は当時三十二歳で、女性誌の連載の取材で香港麗晶酒店（現インターコンチネンタル香港）を訪れ、高倉と偶然に出会った。

二人の関係に大きな変化が訪れたのは、その翌年の四月であった。彼女がイランに取材に出かけた時、心配した高倉健が何度も現地に電話やファックスをしてきた。が、彼女は仕事で時間が取れず、高倉になかなか連絡がとれなかった。

「こんなに心配しているのに、どうして連絡出来ないんですか！」

高倉が、声を荒げたこともある。

帰国して高倉に会い続けているうち、高倉は彼女に打ち明けた。

「僕も、いろんな人と出逢いました。でも、今は独りです」

その言葉を聞いた彼女は、高倉と共に過ごすことを決意したという。

高倉からのリクエストは、ただ一つ。

「化粧をしないでください」

仕事場では綺麗な方々に囲まれるので、普段は出来るだけほっとしたいというのが理由だったようだという。

彼女は、一日の大半を、自宅のキッチンで過ごしていたという。高倉が何よりも大事に、そして楽しみにしていたのが食事の時間だったという。

高倉が帰宅してから、最初に交わす言葉があった。「ペコリン度数」と言って、「腹ペコ」からとった高倉の造語であった。

「今日は〝ペコリン〟！　何食えるの？」

「今日はまだ〝ペ〟くらいかな。先に少しお茶を飲みたいね」

西村が善光寺参りで味わった弁当は、間違いなく彼女の手作りだったのである。

彼女は言っている。

「強いて例えるなら、お互いの周波数が重なっていた。あるいは、〝魂〟が共鳴していたという言い方が最も近いでしょうか」

「『目立たずに過ごしたい』という高倉の言葉から、私は全てを察しました。私たちは国内外の旅行はもちろん、二人で外食に行くことも一切なかった」

「高倉はリビングのソファに寝そべって、死んだフリをするのが得意でした。両手両足を無理な方向に捻ったまま、息を止めて物凄い形相をしているんです。私が気付かないフリを続けていると、『いい加減に気付けよ！　あぁ、疲れた』と大声で笑い出す。ＣＤで曲を聴きながら、なんちゃって日本舞踊を踊りまくる」

平成二十四年（二〇一二）に彼女の母が病気で入院した。その時、彼女は高倉に伝えた。

「親族じゃないと病状の説明を受けたり、治療方針を話し合うことが出来ないんですよ」

「えっ、そうなの？」

今のままだと、高倉に何かあった際、彼女が病室で高倉の世話が出来ないという事実にショックを受けていた。

高倉は彼女の母親よりも年上で、自分のリミットを強く意識し、書類を出すことになった。

ただ配偶者となると、翌日には報道に出てしまう。そこで、妻でなく、刺激が少ない「養女」を選択したという。

高倉にとっての小田の役割は、母でもあり、妻でもあり、娘でもあったのか。

高倉の死後、平成二十八年（二〇一六）には、長年暮らした世田谷の邸宅を解体して新住居を建築。生前に購入していた墓地、車やクルーザーなども処分したと報じられている。

彼女によると、それら死後の対応は、すべて高倉の遺言書に沿った行動だという。

彼女は、高倉の死後、全国の美術館で開催された「高倉健追悼特別展」のため、久しぶりに飛行機に乗った。その折に、東京の夜空を眺めていてハッとした。

〈高度経済成長の時代、この都市やインフラの工事に関わられた方々を鼓舞し続けたのが、高倉健という存在だったのではないか……〉

さらに高倉が彼女によく言った自戒の言葉が蘇ったという。

「映画は一部の特定の人たちのものじゃなく、広く大衆に愛されるものじゃないと」

第四章
美空ひばり
田岡のおじさん

ひばりの歌は生きた年表

演歌は、持続である、という。演歌を聴くとき、その演歌がヒットした時代の自分に一瞬にして戻る。

演歌は、生きた年表である。その意味では、ひばりほど長い期間、第一線でヒット曲を放ち続けてきた歌手はいない。戦後の昭和二十四年（一九四九）以来、ひばりの歌は流れ続けている。いかに持続しても、ヒット曲を放ち続けられなければ、人々の耳に残らない。懐メロ歌手は現代と関われない。

生涯現役としてヒット曲を放ち続けてこそ、人々にとって生きた年表になる。戦後、ひばりほどたくさんの人々に生きた年表であり続けた芸人はいない。

私は『週刊新潮』で、「美空ひばり時代を歌う」を、昭和六十三年四月十四日号から平成元年二月二日号まで連載した。それまでの美空ひばり伝と違ったのは、ひばりと山口組三代目の田岡一雄組長が、二人三脚でのし上がっていく姿を描いたことである。

ひばりの弟で小野透の名で歌手をしていた、かとう哲也も、山口組とも関わり、賭博、恐喝、銃砲不法所持で逮捕された。そのせいで、ひばりは、昭和四十八年の紅白歌合戦に落選している。ひばりとすれば、弟が山口組と関わったせいで、自分にとばっちりがきたのではなく、本人が山口組とこれほど深く関わり、山口組の拡大に功があったことを細かく書かれたことが、おもしろくなかったようである。したがって、本人は取材拒否であった。が、彼女以外の、彼女と関わったほとんどの四百七十八名もの人に会い、話を聞いた。


「おお、おお、おいちゃんでええよ」


美空ひばりのマネジャー福島通人は、昭和二十三年の暮れ、神戸の新開地にある神戸松竹劇場にひばりを出演させる前日、母の加藤喜美枝とひばりに言った。

「田岡さんに、挨拶に行っておこう。これから関西で興行を打つには、田岡さんの顔がないと難しい」

福島は、神奈川県片瀬を本拠として、横浜、川崎の一部から東海道を平塚にかけて支配する博徒の加藤伝太郎を後ろ楯にしていたから、横浜国際劇場では興行が実に楽であった。が、これからは、ひばりを全国的に売りこむのだ。土地の顔役には、挨拶をしておかなければならない。

喜美枝は、抵抗をおぼえるより、むしろ積極的に興味を示した。

「どんな親分か、一度会っておきたいわね」

福島は、ひばり母子をつれ、松竹劇場から歩いて十五分とかからない田岡邸まで、木枯らしの吹く中を歩いた。

福島は、ひばりに釘を刺した。

「これから会うひとは、偉いひとだからね。おじさんと呼ばないで、親分と呼ぶんだよ」

ひばりは、こっくりと頷いた。

終戦後の昭和二十一年六月、田岡が服役中の十七年十月四日に亡くなっていた山口登二代目の跡目を継ぎ、山口組三代目を襲名していた。

田岡は、ひばりのあどけない姿を見ると、にわかに相好を崩した。

ひばりは、ていねいにお辞儀をした。

「美空ひばりと申します」

田岡は、ひばりがすっかり気に入った。

「美空ひばりというのか。かわいいが、しっかりしたお嬢ちゃんやな」

ひばりは、続いて、大人顔負けの挨拶をする。

「おやぶん、今後とも、よろしくおねがいします」

少女から「親分」と言われ、田岡は、照れてしまった。

「親分は、よしてくれよ、おいちゃんでええよ」

ひばりは、頷き、言った。

「では、おいちゃんと言わせていただきます」

田岡は、まるで父親のような優しい口調で言った。

「おお、おお、おいちゃんでええよ。これからは、おいちゃんが、ひばりちゃんの言うことを、何でも聞いてあげるよ」

話が一段落すると、田岡は言った。

「ひばりちゃんの靴は、白いズックやな。おいちゃんがもっと似合う靴を買ってやる」

田岡親分は、ひばりを右肩に乗せるようにして抱くと、福島と喜美枝と連れ立ち、新開地に出かけた。

ひばりの姿を見かけると、まわりから、ひとが殺到してきた。

「わッ、ひばりちゃんだ！」

ひばりファンに取り囲まれ、前へ進めないほどである。

田岡は驚いた。

〈ほォ、この子は、こんなに人気者だったのか……〉

新開地商店街の「とらや」に入ると、田岡は、かわいい赤い靴を選んだ。

「ひばりちゃん、この靴、どうや」

ひばりは、眼を輝かせて、頷いた。

田岡親分は、わざわざひばりの前にひざまずいた。ひばりのズックを自分の手でぬがせ、新しい赤い靴をはかせた。

ひばりは、はずんだ声で言った。

「おいちゃん、ありがとう！」

ひばりは、赤い靴をはけたのが嬉しくてたまらなさそうに、足を高くあげて歩きながら、『赤い靴』の童謡を歌った。

田岡親分は、ひばりの手をしっかりと握ったまま、新開地を歩き続けた……。

興行界に田岡あり、と言わせる

田岡一雄は、美空ひばりの十四歳の誕生祝いの席で、福島マネジャーを隣りに呼んだ。

田岡は、ほろ酔いかげんのいい気持ちで福島に言った。

「今回の『歌のホームラン』では、文字どおりホームランをかっとばし、興行界に田岡あり、と言わせたる」

昭和二十六年四月十九日の夜であった。京都の出町にある登美家旅館の大広間である。

ひばりの誕生日は、五月二十九日である。が、ひばりはその頃『母を慕いて』の撮影で忙しくなるため、繰りあげてこの夜に誕生祝いを開いたのであった。

田岡は、ひばりの顔を見ながら言った。

「わいは、ひばりちゃんの歌を舞台の袖で聴いていると、いろいろな思いが消えて、気持ちがスッとすんのや」

田岡にとって、ひばりの興行に同行するメリットは十二分にあった。神戸港を中心にした港湾荷役の仕事ばかりでは、神戸の山口組でしかない。しかし、ひばりの興行に同行することにより、全国のヤクザの親分衆との顔繋ぎができていった。しかも、ドル箱であるひばりの興行を地元でやらせることにより、地元の親分たちに、恩を売ることも出来た。

ひばりの弟の加藤益夫は、千代田区猿楽町にある明大附属明治中学時代から、母親が姉のひばりにばかりかまけて、自分の相手をしてくれない寂しさを紛らわすためもあって、横浜伊勢佐木町の不良グループとつきあっていた。

益夫は、昭和三十一年四月、明大中野高校に進んだ。

昭和三十三年の十一月九日、産経ホールで「美空ひばりと小野透の姉弟ジョイントリサイタル」が開かれた。

益夫の芸名は、ひばりが恋心を抱いていた「小野満」とシックス・ブラザーズのバンドマスター兼ベーシストの小野満の「小野」をもらい、初志を貫徹する意味から「透」と名づけた。

小野透一人では客が呼べないのでひばりとジョイントリサイタルにしたのである。

嘉山登一郎は、大正四年八月二日に横浜で生まれた。十六歳にして、浅草で隆盛を誇っていた興行師初代山春親分の若い衆となり、修業を始める。

嘉山は、戦後は、漫談家大辻司郎のマネジャーを引き受けた。が、昭和二十七年四月九日、日航機「もく星号」の三原山墜落事故で、大辻司郎は死ぬ。

新芸プロ社長の福島通人は、嘉山を誘った。

「うちへ来て働いてみないかね」

嘉山は、営業部長として入社し、地方公演の責任者となったのである。

翌日の夜、嘉山は、横浜間坂の〝ひばり御殿〟を訪ねた。

ひばりの父親の増吉と母親の喜美枝、ひばりの三人が、応接間にきちんと正座して嘉山を迎えた。

増吉が頼んだ。

「なんとか、ひばりプロのマネジャーを引き受けてもらえませんか」

増吉は、深々と頭を下げた。

増吉は言った。

「全面的に任せますので、よろしくお願いします」

嘉山は訊いた。

「田岡親分は、私に任せることを了承しているんですね」

喜美枝が頷いた。

「親分は、『嘉山がやるならええわ』と言っております」

嘉山は、改まった口調で言った。

「引き受けるに際し、ひとつだけ条件があります。引き受けるには、興行面でのいろいろのもめ事は避けたい。そのためにも、田岡親分と盃を交わさしていただきたい」

喜美枝が、胸を叩くようにして言った。

「すぐに、親分と連絡を取りましょう」

嘉山は、山口組の先代山口登と縁が深かったので、三代目の田岡組長とも、親しかった。新芸プロで田岡ともっとも縁の深かったのは、嘉山である。

が、ひばりプロを運営していくためには、対外的に睨みを利かす意味でも、山口組と正式に縁組をしておく必要があると思った。

それから半月後の夜、赤坂の料亭「千代新」の座敷で、田岡と嘉山の縁組がおこなわれた。

田岡一雄個人と、嘉山登一郎との親戚縁組の盃であった。ただし、一代限りのものである。

裃《かみしも》姿の畏《かしこ》まった儀式は避けた。お互いに背広姿、立会人は、いつも田岡と一緒に歩いている山本健一であった。

田岡が、盃に注がれた酒を半分飲んだ。

嘉山が、田岡から盃を受け取り、残りの半分を飲みほした。

この盃と同時に、嘉山はひばりプロの社長となった。ひばりプロ会長の田岡との二人三脚がはじまっていく。

山口組のシンボル

昭和三十四年八月三十一日、横浜山下町のナイトクラブ「ブルースカイ」を借り切り、小野透の後援会発会式がおこなわれた。

発会式が終わり、田岡とひばりと嘉山は、そのまま「ブルースカイ」で飲んだ。

夜に入ると、一般の客も入ってきた。

客の一人が、ひばりを見つけるや、クラブのマネジャーを呼びつけて要求した。

「おい、ひばりに、一曲歌わせろ！」

客は、稲川一家の幹部、後藤義助であった。

稲川一家を率いる稲川角二（のち聖城）は、戦前は、福島通人の後ろ楯でもあった加藤伝太郎の若い衆であった。が、戦後間もなく、鶴岡政次郎の子分となり、頭角を現してきた。この頃は、横浜三親分と言われていた鶴岡政次郎、笹田照一、藤木幸太郎をはるかに凌ぎ、三千人を超える、東海道一の勢力にのし上がっていた。

稲川一家の者にとってみれば、横浜出身のひばりの興行権は、本来なら稲川一家が持ってしかるべき、という気持ちがあった。それなのに、山口組が興行を仕切っているので、ひばりへの反発も強い。

クラブのマネジャーは、ひばりと田岡の席に行き、何やら話していた。

クラブのマネジャーは、後藤のところに引き返してきて告げた。

「田岡さんから、今夜はおしのびで来てるんだから、勘弁してくれ、とのことでございます」

後藤は、食ってかかった。

「なにィ……田岡が、どうした。ぐずぐず言ってないで、ひばりに歌わせろ！」

田岡のまわりには、六人ほどの若い衆がついていた。

「おい、表へ出んかい！」

彼らは、後藤を誰もいない駐車場に連れ出した。後藤の胸に、拳銃を突きつけた。

このとき、後藤の胸のバッジに気づいた。

「なんや、稲川一家の若い衆や」

田岡と鶴岡は、兄弟分の盃を交わしていた。田岡と稲川は、鶴岡をはさんで、姻戚関係にあった。田岡は、稲川のオジキに当たる。

田岡は、その場は手を引いた。

が、後藤はおさまらなかった。田岡の一行を、横浜中八方手を尽くして探した。もちろん、間坂の〝ひばり御殿〟にも押しかけた。が、田岡は、すでに神戸に引き揚げていた。

今度は、田岡の腹がおさまらなかった。

〈オジキに当たるわいに、歯向かうとは……〉

二百人近い山口組の軍団を、横浜に送りこんだ。

情報を事前に摑んだ神奈川県警は、非常警戒の体制をとった。東海道線の車内や通路で、片っぱしから職務質問や検索を繰り返し、凶器などの発見につとめた。

ひばりの歌をめぐって起こったこのもめ事は、結局、話し合いでおさまった。が、まさに一触即発の危機であった。

ひばりの存在は、裏の世界では、しだいに、山口組のシンボルのひとつと見なされるようになっていく……。

弟、小野透の存在

昭和三十七年春の夜、〝ひばり御殿〟には、小野透、やはりひばりの弟で役者になっている花房錦一ら兄弟が珍しく揃っていた。

ひばりを中心にして飲んだあと、透が風呂に入った。ひばりが、そのあとに入った。ひばりは、湯船の中の異変に気づき、少し浸かっただけで上がってきたのであった。

ひばりの見幕に驚いたのか、透は姿を現さない。ひばりは、透のいそうな部屋を探して歩いた。

ひばりの付き人の一人が、慌てて駆けつけた。

「何事ですか」

「湯船の中に、瘡蓋《かさぶた》がいっぱい浮かんでいるの。小さい怪我にしては、異常だわ」

ひばりは、付き人の眼の中を覗きこむようにして訊いた。

「まさか、透が入れ墨を彫ったんじゃないでしょうね……」

付き人は、困惑した表情になった。

ひばりは迫った。

「ねえ、正直に言いなさい」

「……」

「私、入れ墨を彫ったあと、瘡蓋ができるって、耳にしたことがあるの」

透の最近の素振りは、山口組の若い衆たちとそっくりになってきていた。ひばりは危惧を感じていた。

透と親しい付き人は、ひばりに問い詰められ、ついに打ち明けた。

「じつは、入れ墨を入れています」

「やはり……」

ひばりは、一瞬、その場に頽《くずお》れそうな衝撃を受けた。しかし、すぐに気を取り直すと、先程まで飲んでいた部屋に向かった。

一度墨を入れてしまったものを、いまさら消すわけにはいかない。ひばりは、起こってしまったことで修正のきかないことをいつまでも責めることはしなかった。そのあたりの気持ちの切り換えの早さは、人なみはずれている。

その部屋では、花房錦一が喜美枝と一緒に飲み続けていた。

ひばりは、座ると、そばの盃に入った日本酒を一気に飲んだ。きっとした眼になり、言った。

「透が、ついに入れ墨を彫ってしまったよ」

花房が、吐き捨てるように言った。

「兄貴は、馬鹿だな。墨を入れりゃあ、箔がつくというわけでもないのに。神戸の親分を見ろよ、墨を入れてなくたって、頭を下げる者は下げるじゃないか」

ひばりは、きっぱりと言った。

「入れ墨を彫った以上、役者としては使えないわ。引退させましょう。透には、お父さんの藤美産業を継がせましょう」

透の芸能界引退を横浜中央病院の病床で知った増吉は、激怒した。

「益夫の馬鹿野郎！　とうとう芸能界を食いつめやがって。今度見舞いに来たら、ぶん殴ってやる」

喜美枝は、増吉の怒りを知るや、病院に駆けつけて、懸命に増吉の説得にかかった。

「あんたの気持ちも分かるけど、透の今後を考えて、あんたの後を継がせて」

増吉は、今度こそ再起は無理と覚悟していた。いくら息子であろうと最後まで自分の城は明け渡さないつもりであったが、ついに、折れた。

五月初め、透が引退発表をした。五月二十九日には、ひばりと小林旭の婚約が正式に発表された。

三十八年三月十九日午後二時過ぎ、京都の川端警察署員は、左京区岡崎法勝寺町のひばり邸に急いでいた。

小野透を、逮捕するためである。

透は、前年、「小野透引退記念ショー」を最後に、芸能界を引退していた。

表面的には、増吉の跡を継いで藤美産業の社長になったが、裏では、横浜に進出して中区山下町に事務所を構えた山口組系益田組の舎弟頭として迎え入れられていた。

彼は、賭博の「回銭屋」を任されていた。賭博の額を大きくするために、負けた客に資金を貸す役である。困ったときには、いつでもひばりの金を引き出せるため、透が金に不自由することはない。そのため、「回銭屋」に仕立てられたのである。

透の罪状は、前年十二月三十日の午前零時から朝方の五時まで、横浜市中区大和町の益田組の幹部花村雄の家で、花札賭博を開帳したことにあった。

透は、バーのマダムや商店主などの客十二人に二十数万円の博打資金を貸し、あがりの一割をテラ銭として取り上げた。その後も、この年一月までに中区山下町の彼の配下の家や料理店などを使い、十回にわたり、花札賭博を開帳した。

全国制覇を目指す山口組は、かつて横浜のナイトクラブ「ブルースカイ」での事件で一触即発の状態までいった稲川会の支配する横浜に、着々と進出していた。

昭和三十五年十月、神戸の山口組系井志組が、中区山下町のいわゆる〝南京街〟に進出し、キャバレーの清掃、沖仲仕手配の仕事を始める。

翌三十六年十二月には、山口組系菅谷組の剛派が、中区山下町に進出し、菅谷興業横浜支部の看板を掲げている。

三十七年六月には、益田組が配下三十五人で山下町に進出し、賭場を開いた。

小野透が逮捕された一週間後の夜、地元の稲川会の幹部五人と、井志組の横浜支部員とが山下町のサパークラブ「グランド・パレス」でもめる。

井志組の組員二十名が、日本刀を持ち「グランド・パレス」を包囲。が、客の通報で駆けつけた神奈川県警によって、騒ぎは収まった。

横浜を縄張りとする稲川会にとって、自分たちの縄張り内で賭場を開かれることは許せなかった。山口組と稲川会のさらなる激突は、目に見えていた。

神奈川県警捜査四課は、それを未然に防ぐため、小野透らの摘発に踏み切ったのであった。

三月十九日朝には、県警捜査四課と加賀町署は、〝ひばり御殿〟、藤美産業の事務所、益田組の横浜事務所など市内八ヵ所を家宅捜索した。

小野透は、京都岡崎法勝寺町のひばり邸で病気の静養をしている喜美枝に付き添っていた。

この情報を耳にした川端署の署員が、十九日の午後二時過ぎ、ひばり邸に踏みこむ。

川端署員は、小野透に、手錠を掛けた。

「小野透だな。逮捕する！」

喜美枝は、眼の前で手錠をかけられる透の姿を見て、半狂乱になった。

「透が……何かの間違いでは……」

透は、そのまま連行された。黒の背広に、緑色のサングラス姿であった。

ひばりの襲撃計画

ひばりは、ヤクザ同士の抗争に巻き込まれていく。森田組の森田幸吉組長は、自分の家に遊びに来ていた兄弟分の山口英弘の電話が終わるや、訊いた。

「どうしたんかいの、兄弟。浮かん顔して……」

森田組は、広島県尾道市を縄張りにする組である。当時組員は、六十人いた。

山口英弘は、広島市を本拠とする打越会の若者頭であった。山口が電話で話していた相手は、広島で打越会と対立している山村組の幹部樋上実である。

山口は、険しい表情で森田組長に言った。

「明日、田岡親分が、ひばりに付いて防府に来たら、殺る、言うんじゃ」

「田岡さんを……」

「ああ、田岡親分は、必ずひばりの興行にゃ、付いて来る、言うんじゃ。もし、今回来なかったら、かわりに、ひばりをメッタ斬りにする、とまで言うとるんじゃ」

打越会の打越信夫会長は、山村組との対立から、神戸の山口組に助けを求めた。まず、山口組重鎮の安原政雄と兄弟分の盃を交わし、続いて、田岡組長とも、舎弟の盃を交わしている。

打越会と山口組との連合に怒った山村組は、山口組のバックアップするひばりの興行を、命を取ってでも阻止する、と息巻いているのであった。山村組にとっては、ひばりは、田岡と一心同体に映っていた。

「いくら山口組がついていても、この中国筋では、通用せんぞ」

ということを思い知らせるための動きであった。

山口英弘と樋上実は、打越会と山村組が対立関係に入る前から兄弟分の仲にあった。そのため、樋上は、つい気を許し、山口英弘に重大な計画を打ち明けたのであった。

森田は、ひばり襲撃の計画について聞くや、眉を曇らせた。

〈ひばりが防府で斬られれば、尾道でのうちの興行が、ふいになる……〉

この年五月一日に、防府市公会堂でひばりのショーがおこなわれたあと、五月二日に、広島公会堂で、五月三日に、尾道公会堂でもショーがおこなわれる予定である。

山口組の「神戸芸能」が裏にいる「関西芸能」から荷を買い、森田組が尾道公会堂での興行を打つことになっていた。

一日三回興行で、すでに六百万円もの前売券を売っていた。もし尾道での興行ができないと面子は丸潰れである。

森田は、呉にいる樋上に、すぐに電話を入れた。

「ひばりを襲撃することだけは、止めてくれ」

樋上は、厳しい声で言った。

「もう、手遅れじゃ。鉄砲玉は、すでに防府に入っとる」

「尾道で興行が出来んようになると、わしにも、考えがあるけえの。あんたらにゃ、線は揃えんど」

森田は、打越会と山村組との対立には中立を保っていた。が、もし中国、九州制覇をもくろむ山口組が広島に乗りこんでくるときには、広島のヤクザとして、山村組と一緒に立ち上がってもいい、と思っている。が、今回山村組がひばりを襲うなら、今後山村組と「線を揃えない」、つまり行動をともにすることはありえない、と迫ったのである。

樋上は、苦りきった声で言った。

「分かりました。鉄砲玉と連絡が取れたら、引き返させる。もし取れんときにゃあ、辛抱してもらうしかありませんよ」

鉄砲玉として送りこまれた者は、中止の指令がない限り、必ず命令どおりに動く。

その鉄砲玉の動きを中止させるためには、目的にそなえ潜伏している彼らを見つけ出し、彼らに直接中止を伝えなければならない。

もし彼らに新たな指令を伝えることが出来ないときは、計画どおりにおこなわれる。田岡かひばりが襲われる。

森田は、連絡を待ち続けた。夜の十二時になっても、樋上からの電話は入らない。

〈駄目かもしれん……〉

森田は、腸の捻れる思いがした。

深夜二時過ぎ、樋上から電話が入った。

「まだ鉄砲玉と連絡が取れん。やつらの行き先が、摑めんのじゃ。全力をあげて探しますけえ、待っといて下さい」

一睡もしないうちに、夜が明けた。朝の七時過ぎ、樋上から電話が入った。

「やっと、鉄砲玉と連絡が取れました。わしが、責任を持って止めましたけえ」

「本当じゃのォ」

「本当です」

防府市公会堂でのひばりショーには、田岡は、いつものようにひばりに付いて来ていた。

山口県防府市は、打越会と縁の深い田中組の縄張りである。山口組の若い衆と田中組の若い衆は、田岡とひばりが襲撃されるかもしれない、という情報を聞きつけ、舞台の袖を固めた。

緊張の中を、ひばりはいつもと変わらぬ艶のある声で歌い続けた。ひばりには、事情は知らせていない。

防府市公会堂での興行は、どうにか混乱なく終わった。

翌日は、広島公会堂の予定である。広島市に入ることは、敵の山村組の陣に入ることである。もし襲われた場合、防ぎようがない。みすみす、ひばりを組の抗争に巻き込ませるわけにはいかない。

田岡は、若い衆に命じた。

「広島公会堂での興行は、取りやめや。そのかわり、岩国でやろう」

急遽、岩国市の市立体育館でおこなうことにした。

続いて五月三日、尾道公会堂でおこなわれることになっている。

森田は、三日の朝早く、尾道警察に呼ばれた。

「森田よ、山村組が今日のショーに攻めて来るんじゃないか。広島の興行は中止になっとるけえの……」

森田は、きっぱりと言った。

「わしの命を賭けても、喧嘩は起こさせません」

森田は、組の事務所に帰ると、若い衆を集めて発破をかけた。

「今日のひばり興行を潰しに来る者がおったら、容赦はするな。たとえ山村のもんが来ても、勝負せえ！　全員の命を賭けても、興行は成功させろ！」

森田組の若い衆は、楽屋の手伝いに入った。いつも興行を主催する森田組の若い衆が手伝うことに決まっている。

が、この日に限って、山口組の若い衆が森田組の手伝いを制止した。

「誠に申し訳ございませんが、今日は、楽屋の手伝いは結構です。われわれでやります」

山口組の若い衆たちは、殺気立っていた。自分たちの組の者以外、誰一人楽屋に入れない厳重な警戒ぶりである。

尾道公会堂の興行は、無事に終わった。

森田は、その夜、ひばり一行を栄旅館に泊めるよう予約してあった。

が、田岡は、断わった。

「せっかくですが、今日のうちに、次の興行先の岡山に向かいます」

ひばり一行の車は、濃い闇の中を、岡山に急いだ。このまま広島にとどまっていると、どういう事態が起こるか分からない。

岡山には、不慮の事態に備え、山口組の組員を三百名急遽集結させていたのである。

襲撃は運良く逃れたものの、ひばりには、小林旭との離婚という悲しい運命が待っていた……。


「田岡親分を怒らせてしまって……」


昭和三十八年九月二十八、二十九日の二日間、歌舞伎座で「美空ひばりリサイタル」が開かれた。

ひばりのすっきりしない移籍問題を象徴するかのように、それまで所属していたコロムビアと新しく出来たクラウンの花輪が張り合って立ち並んだ。

クラウンの幹部は、ひばりの移籍は確定的なものと信じきっていた。田岡が、クラウンのディレクターを前に言った言葉も耳に入っていた。

「コロムビアの連中が無理矢理阻止するなら、やつらの前に機関銃でも据え付けて引導を渡したる。大船に乗った気でいるとええのや」

ところが、ひばりのクラウン移籍問題は、意外な展開をみせることになった。

「ひばりプロ」のある人間が、クラウンのディレクターを訪ねて無心した。

「サパークラブをつくることになったが、一千万円ばかり足りない。貸して欲しい」

ディレクターは、その男と懇意であったが、当時の一千万円といえば大金である。

「クラウンは、出来たばかりだよ。一千万円も出せるかよ」

「かといって、コロムビアで金を借りると、義理人情にしばられて、ひばりもおたくに移れなくなるじゃねえか」

「しかし、いまの段階でクラウンに借りをつくるのも、立場が悪くなるんじゃないか」

「じゃあ、おたくで五百万借り、コロムビアからも五百万借りれば、どっちを取るのかって迫られても、五分五分じゃねえか」

ディレクターは、思わず苦笑いした。

その男も、にやりと笑って言った。

「ま、五百万ずつもらえば、どっちに行こうと、これからの両社の出方しだいだ」

ディレクターは、すぐに経理と掛け合い、五百万円を出させ、その男に渡した。

喜美枝は、特に懇意にしているクラウンのディレクターから耳打ちされた。

「おたくのプロダクションの者が、クラウンから五百万、コロムビアから五百万円借りて、サパークラブを作ったそうですよ」

喜美枝の顔が、怒りにゆがんだ。

〈私たちに相談もなく、勝手にクラウンから……〉

喜美枝は、これまで「ひばりプロ」の経理については文句をつけたことがなかった。なにしろ、「今度浅草国際劇場で一カ月やります」と報告が入るだけで、「今回のお嬢のギャラは、いくらなの」と訊いたこともない。ただ、「お嬢のギャラが、一番高いのね」と念を押すだけである。「それは、芸能界でお嬢ほど高いギャラの歌い手はいません」と答えれば、額はいくらでも気にならないのである。

ひばり家が年間使った金額と、「ひばりプロ」の出してくる年間収入の数字とが合えばいいのである。もしひばり家の使った金額の方が、収入の数字を超えていれば、「そう、来年は頑張らなくちゃあね」ですんでいた。

ひばりが小林旭と結婚してから、新居のために三千万円もかかったうえ、地方巡業を制限され、収入は激減していた。それまではドンブリ勘定ですませていた喜美枝も、収入に対して初めて神経質になっていた。「ひばりプロ」への不満を募らせていた。

そこへ、今回「ひばりプロ」の者がクラウンから自分たちに断りもなく五百万円借りたという話である。

喜美枝は、その直後に上京してきた田岡に会ったとき、つい不満をぶちまけた。喜美枝は、田岡も知っていてやったことではないのか、と疑っていたのである。

「親分、お嬢をクラウンに移すとは言ったけど、まだ正式な契約書まで交わしていないうちにクラウンから金を引き出すのは、ひどいじゃないですか」

田岡の顔色が、変わった。

「なんのことやねン」

田岡は、喜美枝から詳しい事情を聞くや、クラウンから五百万円借り出した男と、五百万円を出したクラウンのディレクターを呼びつけた。

田岡は、二人を怒鳴りつけた。

「筋の通らんことを、するんやない！」

クラウンのディレクターは、無心されて仕方なく出したことで、いくら田岡とはいえ、頭ごなしに怒鳴られ、ムッとした。

「私が怒られる筋合いでも、ありません」

すると、懐に手を入れた五人の若い衆がディレクターを取り囲み、睨み据えた。

田岡は、テーブルに五百万円を叩きつけるように置いた。

「この金は、持って帰ってもらおう！」

田岡はそう言うと、怒りを全身に表し去って行った。

喜美枝は、ひばりを前に怒り狂った。

「お嬢、クラウンに移るのは、取りやめよ！　誰が何と言ってこようと、私が一度こうと決めたら、梃子《てこ》でも動かないからね」

「ひばりプロ」への怒りもさることながら、クラウンに対しても怒った。まだ正式に移籍の調印もすませていないのに、自分たちに内緒で「ひばりプロ」に金を貸している。ひばりと自分をないがしろにしたことが許せない。

慌てたのは、クラウン側である。ひばりに親しいディレクターたちが懸命の説得にかかったが、喜美枝は頑として聞き入れなかった。

ひばりのクラウン移籍の話は、この事件により、立ち消えになってしまった。

ただし、ひばりがクラウンのために吹き込んだ『関東春雨傘』は、「CW‐1」という記念すべき番号がつけられ、その年十二月十日に発売された。

翌三十九年一月、新宿コマ劇場の企画担当者、北村三郎は、世田谷区上野毛にひばりたち夫婦と別居している喜美枝を訪ねた。

彼は、ひばりが昭和二十二年に日劇小劇場に出演した頃から知り合いの東宝の演出家山本紫朗の紹介状を見せて、必死に口説いた。

「新宿コマ劇場は、いままで不入りで有名でした。しかし、江利チエミさんが大成功をおさめました。次は、どうしても本家に出ていただきたいんです。ひばりさんが出てくれたら、新宿コマにも後に続いてたくさんの大物が出てくれるはずです」

喜美枝は、江利チエミと聞くと、興奮した。チエミは、昭和三十七年のミュージカル『スター誕生』で芸術祭奨励賞、三十八年の『マイ・フェア・レディ』でゴールデン・アロー賞を受賞し、ミュージカル女優としての地位を固めつつあった。

一方、ひばりは芸人として最大の危機を迎えていた。小林旭がいい顔をしないため、仕事の量も減るばかりである。

昭和三十八年の正月映画として封切られた『べらんめえ芸者と丁稚社長』は、観客動員数が一日平均千人を割る低調さであった。

そのため、四月末に完成した次回作『民謡の旅・秋田おばこ』も一時オクラとなり、六月九日からようやく公開された。それも、わずか五日間と限定されてのことであった。

ついに、三十八年十二月をもって、東映との専属契約も切れてしまった。

歌も、昭和三十七年九月発売の『恋の曼珠沙華』以来ヒット曲は生まれていない。

十四年も連続して出演してきた浅草国際劇場での正月第二週公演も、この三十七年から、客の入りが八分になってきた。ひばりの一枚看板では持たず、三橋美智也や坂本九を特別ゲストに入れ、劇場をなんとか満員にしてきていた。このままだと、芸人〝美空ひばり〟は死んでしまう。

喜美枝は、座卓を手で叩きながらまくしたてた。

「チエミが成功しているのは、喜ばしいことです。でも、お嬢が出たら、それ以上のことをやってみせます！　お嬢は、いままで難しいと言われてきた正月の浅草国際の第二週を、十四年も連続して超満員にしてきました」

喜美枝は、ひばりの再出発にかける構想をまくしたてたあと、山口組のことを暗に匂わせながら拳を握りしめていた。

「ひばりの再出発には、いろんなしがらみや問題がある。でも、あんたたちみたいな素人には、絶対に手をつけさせないし、関わりのないようにしてあげるからね。私は、決心している。そのためにを手をとられたら足で、足をとられたら口で、口を塞がれたら命を張って、お嬢を守ってみせる。お嬢の芸を守るためなら、命を張ってみせる！」

浅草国際劇場での興行には、山口組の芸能部門である「神戸芸能」が入っていた。浅草国際劇場から、東宝系の新宿コマに移るということは、「神戸芸能」と手を切ることである。容易なことではない。

喜美枝は、それからしばらくして、東映の東京撮影所所長の岡田茂のところに駆けこんだ。

「岡田さん、助けて下さい。田岡親分を怒らせてしまって……このままだと、お嬢の地方巡業は、まるで出来なくなってしまう」

喜美枝は、新宿コマとの契約を田岡に内緒でしてしまったことが発覚し、田岡の逆鱗に触れたことを打ち明けた。東映との専属契約は切れたが、いざというときに泣きつくのは、東映時代から世話になっている岡田所長であった。岡田所長を通して、田岡の怒りを鎮めてもらおうという魂胆であった。

喜美枝は、翌日、岡田所長を伴って兵庫県尼崎市の病院に療養していた田岡を訪ねた。

喜美枝は、病室に入るなり、まるで土下座せんばかりにして詫びた。

「親分！　申し訳ありません！」

田岡は、ベッドから身を起こして言った。

「お母はん。そんな芝居、やめえや」

喜美枝は、一瞬ハッとしたが、なお大袈裟に涙を浮かべて頭を下げ続けた。

田岡は、険しい表情のまま言った。

「分かった。そやけど、東宝とは、もう契約をすませたんやろ。新宿コマの舞台はやれ。今後のことは、あらためて話し合おう」

喜美枝は、車に岡田所長と一緒に乗りこむや、先程の涙はどこへやら、ケロリとした表情になっていた。田岡の怒りがひとまずながら、とにかくおさまったことにホッとしていた。ひばりの舞台に負けず劣らず、実人生の役者であった。

喜美枝は、すでに先のことを考えていた。

〈お嬢の新しい花道となる芝居は、川口松太郎先生に頼もう……〉

川口松太郎がひばりのために書きおろした『女の花道』は、昭和三十九年五月三十一日から新宿コマ劇場でおこなわれた。

田岡組長が仕切った小林旭との離婚会見

長期公演中の六月二十五日午後三時、〝旭御殿〟で、緊急記者会見がおこなわれた。

ひばりとの離婚の会見である。

数十人の報道陣がごった返す中へ、小林旭が現れた。憔悴しきっていた。田岡と、嘉山登一郎が付き添った。記者から現在の心境を訊かれ、旭は答えた。

「寝耳に水としか言いようがない。二人が話し合って決めたのではなく、ぼくが和枝の考えを田岡さんから聞いて初めて理解したわけだから、これは、理解離婚だ」

「理解離婚」という耳慣れぬ言葉に対し、記者から質問が飛んだ。

田岡が、旭にかわって答えた。

「今度の旭さんとひばりさんの離婚は、〝理解離婚〟というものです。意味ですか？　私が中に入って、双方とも理解しあったうえで離婚に踏み切ったので、〝理解離婚〟と言います。協議離婚というのは、二人が話し合って決めることで、今回とは違いますから……」

こんな形で心残りはないか、と訊かれ、

「それは、いっぱいある。みなさんの前で泣きたいくらいだ」

とうなだれた。旭は、ついにひばりが入籍してくれなかったことを思い、屈辱をあらたにした。いくら籍を入れてくれ、と喜美枝に迫っても、「不動産処分の問題があるから」と拒否され続け、ついに入れてもらえなかった。

旭は、田岡から、「今後、絶対にひばりについてしゃべるんやないで」と泥仕合を避けるよう釘を刺されている。

旭は、最後に、苦笑いを混じえて言った。

「和枝は、ぼくと一緒にいるより、〝美空ひばり〟として芸術と結婚した方が幸せだろうと思い、踏み切りました」

ひばりは、旭の記者会見の終わった四時半から、新宿コマ劇場の食堂で記者会見をおこなった。

やはり、田岡が付き添った。

ひばりは、記者の矢継ぎ早の質問に、

「私が、舞台を捨て切れないことに対する無理解です。芸術を理解してもらえなかった」

と答え、目頭をそっと押さえた。

ひばりは、

「芸を捨て、母を捨てることは出来なかった」

ということを繰り返し言い、最後に今後の仕事についてきっぱりと語った。

「仕事は、やはり、舞台が主になるでしょう。自分で選んだ幸せな道です。それを大切にしてゆきます」

ＮＨＫと決別の裏事情

昭和四十八年一月十七日、鹿児島県の鹿屋、川内、名瀬の三市の「美空ひばりショー」会場管理者である市教育委員会は、次のように決定した。

「暴力団山口組系益田組舎弟頭であるひばりの弟のかとう哲也を、出演メンバーから外して欲しい。どうしてもかとうを外せないのなら、三月初旬に予定されているひばりショーは、断念するほかない」

ひばりの弟の小野透は、昭和四十四年から「かとう哲也」と改名している。

翌十八日には、高知県中村市も、一月二十二日には、川崎市教育委員会も、決定した。

「かとう哲也を出演メンバーから外さない限り、ひばりのショーには会場を貸さない」

同じ日、民音も、東京近郊の「ひばりショー」の公演を中止した。

西日本から燎原《りょうげん》の火のごとく広まった「かとう哲也締め出し旋風」は、関東だけでなく、福島県を始めとする東北地方にまで広がった。

しかし、喜美枝は強気であった。世論の矢を全身に受けながら、取材に来た記者を前に叫び続けた。

「四人の子どもは、私を含め、五本の矢と考えています。一本一本では、簡単に折れてしまうかも知れません。が、五本集まれば、決して折れることはありません。だから、どういうことがあっても、哲也という一本を外すことは出来ないのです」

ひばりも、敢然と言い放った。

「どうしてもかとう哲也を降ろせ、というなら、美空ひばりは死にます。加藤和枝という三十六歳のただの女になって、お粥を啜ってでも、土方をやってでも、親子一緒に生きていきます」

かとう哲也は、昭和三十八年三月に賭博幣助容疑で初めて逮捕された。横浜地裁で、懲役一年、執行猶予五年の判決を受けた。

さらに、翌三十九年には、拳銃不法所持、四十一年には、傷害、暴行と拳銃密輸事件、四十七年には、また暴力事件を起こして再逮捕されていた。

「美空ひばりショー」の地方興行を請け負っていた「ジャパン・トレード」社長の田岡満は、今後の興行のことを考え、ひばりに言った。

「あまり強行突破すると、他にもいろいろと問題が波及してくる。今回は、哲也を外したらどうやろう」

田岡満は、山口組田岡一雄組長の長男である。

田岡一雄の手がけてきた神戸芸能は、昭和三十九年度は一億三千万円を超える興行収入を上げていた。が、傘下四百二十四団体、九千四百五十人もの大組織にふくらんだ山口組への兵庫県内を中心とする広域暴力団壊滅作戦は、執拗をきわめた。

神戸芸能は、昭和四十一年、脱税の容疑で、四十三年、労働大臣の許可無しでタレントを斡旋していたとして、職業安定法違反に問われ、事実上活動を停止してしまう。が、ひばりと田岡一雄との縁は切れたわけではない。

田岡満は、昭和四十四年、慶応大学の経済学部を卒業後は、堅気の道を進んだ。父親の経営する甲陽運輸に入社し、その年九月に、その一部門として芸能部門「ジャパン・トレード」を設立した。

「ジャパン・トレード」は、昭和四十七年八月には、東京に進出し、赤坂に東京事務所を構えた。

田岡満は、東京進出を機に、ひばりの地方公演の一部を扱い始めた。

田岡満の提案にも、ひばりは首を横に振った。

「哲也を外すことは、私が許しません」

喜美枝が、そばから言った。

「ショーの百二十分を演出するには、どうしても哲也が必要なのよ」

「だって、哲也が歌うのは、せいぜい二、三曲じゃないですか」

「そう簡単なもんじゃないのよ。地方のファンは、お嬢がいろいろな姿で舞台に出てくるのを期待している。そのためにも、最低四回は、衣装を替えたい。その衣装替えの間のつなぎの役者がいる。ショーの途中だといっても、お嬢が歌ったあとに歌う形となる。それには、お嬢を超える歌手でなければ、かっこうがつかないでしょう」

喜美枝は、田岡満に訊くように言った。

「NHKの紅白歌合戦でも、お嬢がトリと決まっているでしょう。いまの芸能界で、お嬢に見合う歌手がいる？　いるわけないでしょう。いくらつなぎとはいえ、他のタレントを持ってきては、お嬢のプライドが許さないのよ」

喜美枝は、独特な論法を展開した。

「哲也なら、肉親だから、その点は問題がない。どうしても、哲也が必要なのよ」

田岡満は、肚《はら》を決めた。

〈ひばり母子がそこまで強行突破を図ろうというのなら、従うしかない〉

が、かとう哲也は、その後の昭和四十八年三月五日にも、賭場開帳・図利容疑で、三月二十七日には、脅しの疑いで、九月三日には、暴力団から拳銃を買っていた疑いで再逮捕された。目黒区青葉台に新築した〝ひばり御殿〟まで手入れを受けた。

かとう哲也が、この年に入って三回目の逮捕を受けた直後から、NHKは、大晦日の紅白歌合戦のメンバーを選ぶためのアンケート調査に入った。

対象は、視聴者懇談会約七千人、ヤングメイト約千人、この他ＮＨＫ各支局の放送局長、音楽部員など九千百六十人であった。

ＮＨＫには、前年の紅白歌合戦にひばりの出場が決定したときから、抗議の電話が殺到していた。

抗議の内容は、厳しいものであった。

「なんで、札つきの弟を持っているひばりを、紅白に出すんだ」

「ひばりも、暴力団と関わりがあるんじゃないか」

が、ＮＨＫの坂本朝一総局長は「罪、親族に及ばず」と主張し続けた。

が、抗議は、さらに激しくなった。

「公民館がボイコットしているのに、ＮＨＫが暴力団の肩を持つとは、何事か」

ＮＨＫの紅白担当者の間では、アンケート調査を出すころからささやかれていた。

「今年は、ひばりを降ろさざるをえないだろうな……」

十一月二十日の午前十時から、ＮＨＫ内の会議室で部長会が開かれた。

演芸班の小幡泰正を始めとする各班の十人の部長が、紅白の出場メンバーの選考結果を吟味した。

すでにこのときには、紅白を実際に企画、制作している演芸班により、紅白出場のメンバーは決められていた。そのメンバー表と、アンケートの集計表に眼を通しながら、吟味がおこなわれる。部長の一人が、アンケート表の美空ひばりのところに赤線が引いてあるのに気づき、信じられない表情になった。

「へーえ、ひばりは今年、こんなに下なのか。こいつは驚いた」

ひばりは、小林旭との離婚後の昭和四十年に『柔』、四十一年に『悲しい酒』、四十二年に『真赤な太陽』とヒットを放った。が、その後これといったヒット曲はなかった。それでも、前年までは悪くても八位には入っていた。が、昭和四十八年は、一挙に三十五位に転落していた。

「やはり、ひばりは出さない方がいいんじゃないか、この際……」

演芸班の選んだ案にも、すでにひばりの名はなかった。

しかし、昭和二十八年以来芸能一筋に歩んできて「紅白歌合戦」を現場で指揮し続け、ひばり教の信者を自認しているもう一人の部長は、冗談まじりにひばりの出場を主張した。

「ひばりが出ない紅白は、なんとかを入れないコーヒーみたいじゃないか」

が、思い切って落とした方がいい、という意見が大勢を占めた。

部長会で選んだ二十二組の出場女性歌手の中からも、ひばりは外される。

が、それでも、

「一応、『ご意見を伺う会』にかけてみるか」

と保留にされた。

十一月二十一日正午、NHK内のスタジオで、「ご意見を伺う会」のメンバー十人による最終審査がおこなわれた。この会で一番問題になったのは、当然、ひばりの出場についてである。

「弟が、暴力団がらみではねえ」

「いや、弟というより、ひばり自身も、山口組の田岡一雄と関係が深いんだ」

「田岡のことを、おじさんと言っていたそうじゃないか」

慶応大学教授の池田弥三郎が、いくつかの意見が出たところで言った。

「私自身は、肌で感じた国民感情は、ノーと思う。これは、理屈や法理論ではなく、総合的に判断した」

出席したメンバーの誰一人として、異論を差し挟む者はいなかった。

この日午後三時半、NHK十四階の記者クラブで、十七年間紅白に出場し続けてきた女王ひばりの「紅白歌合戦」落選が発表された。

ひばりは、翌二十二日の昼の大阪梅田コマ劇場の「美空ひばり特別公演」で、NHKに対し挑戦するように言った。

「紅白に出なくても、大晦日には、TBSのレコード大賞でお目にかかれます」

ひばりは、あえて、その挨拶に続いて、かとう哲也の作曲した歌をうたった。

「弟が作曲した『思い出の鞄』を聴いて下さい」

歌い終わったひばりは、きっとした表情で言った。

「美空ひばりは、健在です。いまは黙して語らず、じっと我慢の子です。雑草は、踏み潰され、唾をかけられるほど、強く、たくましくなるのでございます」

田岡組長の葬儀で批判を恐れず弔事を読む

ひばりは、喜美枝の死後二十四日目の昭和五十六年（一九八一）八月二十二日、今度は田岡一雄の葬儀を迎えることになる。田岡は、七月二十三日に心不全のため急死した。

田岡組長の長男であり、「ジャパン・トレード」社長としてひばりの興行を手がけたことのある田岡満が、かとう哲也に電話を入れてきた。

「葬式には、ひばりさん頼むで」

が、哲也はすぐには返事をしなかった。

たしかに、ひばり一家は、田岡に義理がある。しかし、昭和四十八年一月からの「かとう哲也締め出し旋風」以来、世論は、ひばり一家と田岡との繋がりにいっそう非難の眼をそそいでいる。

昭和五十年二月には、山口組壊滅作戦を執拗に続ける捜査当局により、田岡満も、東映映画『山口組三代目』の違法入場券発行、公正証書原本不実記載の罪で逮捕された。「ジャパン・トレード」も解散に追いこまれたのである。

それ以来、田岡や山口組との関係は切れていた。今回、もしひばりが田岡の葬儀に出席すると、また写真を撮られ、マスコミの格好の餌食になる。田岡との古い結び付きを問題にされる。

哲也は、ひばりに申し出た。

「満ちゃんから、電話があったが、姉貴は、何か理由をつけて休みなよ。そのかわり、おれが姉貴の名代として出席する」

ひばりを庇っての進言であった。が、ひばりは、きっとした表情で言った。

「私、出る。弔辞も、読むわ」

ひばりは、益田組の盃を受けた哲也以上に腹が据わっていた。

八月二十二日午後二時、新幹線新神戸駅のすぐ裏手にある布引山を背後に背負った臨済宗徳光院で、田岡の合同葬がいとなまれた。

ひばりは、八百人を超える参列者を背に、弔辞を読んだ。

「……私の舞台をよく観に来て下さったし、また、子供だった私が少しでも機嫌が悪く、口もきかないときがあれば、口笛を吹きながら、ふっと外へ行ってしまうのです。しばらくして帰って来るときには、少しお酒を飲んでいるのです。そうしたやさしいおじさんの姿も、いまとなっては、懐かしい思い出です」

台風十五号の接近で、雨こそまぬがれたものの蒸し暑く、喪服の下が汗に濡れる。

境内の楠の大木から、頭上に、狂ったような蝉時雨が降りそそぐ。

ひばりは、三十三年にわたる田岡との思い出に胸をつまらせながら、最後の呼びかけをおこなった。

「おじさん！　安心して天国へ行って下さい。母がいまここにいれば、きっと同じ気持ちだと思います……」

歌に命を捧げたひばりは、なんと五十二歳の若さで死ぬまで、生涯一千九百三十一曲もの歌を吹き込んだ。まさに怪物である。

第五章

渥美清
寅さんの源流

コメディアン渥美清誕生

『男はつらいよ』の「寅さん」役で有名な渥美清であるが、彼の芸の原点は浅草のストリップ劇場にあった。ストリップ劇場で芸を磨いたからこそ、寅さんを国民的スターにすることが出来たといえよう。

渥美清の本名、田所康雄は、喜劇役者を目指し、埼玉県大宮市の日活館で初舞台を踏む。役者名は、「渥美悦郎」。

小屋は、ガラスも破れ、ビラが風にハタハタなびいていた。炭俵が劇場の隅に転がしてあった。侘しさで、心が凍りつきそうな小屋であった。

演《だ》し物《もの》は、『阿部定一代記』。泥棒を追いかける刑事役であった。ただ舞台を横切って歩くだけの芝居だ。

泥棒をするには、年季がいる。しかし、その泥棒のセリフが笑った。

「カワズ、水中に入りてスズメとなる」

これは、台本の誤植であった。「スズメ海中に入りてハマグリとなる」の間違いである。もののごとのくるくると変化することのたとえである。

康雄は、それまでは、電車の中でも世をはばかるようにうつむいていたのに、急にそっくり返って座るようになった。

〈今日から、おれは俳優だ〉

ともかく、なにかに扮して、町中で、「ああ、あの男が、あれ演ってた人よ」と言われたかった。それになにより、女にもてるのが役者なのだろう、と。

そののち、赤羽のストリップ劇場『公楽』を経て、小さな劇団を転々とし始めた。

ドサ回りの芝居の世界に入ったのは、友達のたった一言がきいた。

「旅まわりの劇団に入ると、白米が食えるぞ。おまえんとこなんか、戦争直後は、親子四人で四人分しか配給とってなかったろ。だがな、この劇団は、いろんな役者が出たり入ったりするから、一座に十人しかいなくても、二十人という建前になってる。米、酒、タバコ、なんでもいっぱいくるんだぞ」

衣装箱や、刀箱をかつぎ、旅まわりの一座について行った。ペエペエなので、役者兼運搬人である。

役者としては、みこみがない、と言われた。しかし、次の土地に行くための荷作りの手順はよくなった。やっとひとつのことを会得した、と嬉しくなった。

康雄は、まだ役者として、どういう風にやっていくかさえも、分からなかった。

当時の軽演劇や大衆演劇の役者には、おおまかな基準はあった。

顔が面長でヤセ型は、二枚目。大きい体の、大きい声が敵役。体が小さくて、すばしこいのが、三枚目。

だから、「渥美悦郎」は、ナリからいくと敵役のあたりであった。

しかし、敵役にはセリフがいる。

康雄には、いい役は、まだまだつかなかった。

兄貴分役が、「これから気ィつけろよ！」とすごむ。次の弟分が「また来るからな！」と続ける。康雄は、その次に登場する。

しかし、なにもセリフはない。すごむ格好だけとか、パッと唾を吐いたりとか、セリフなしの形だけであった。

しかし、唾をはいて、わざと椅子につまずく真似をしてみる。それが、笑いを誘った。

じょじょにセリフつきの役になる。

サングラスをかけて「ヤイヤイヤイ、てめえ、このヤロー！」とすごむ。

向こうを向いておいて、パッとサングラスを外す。

客は、さぞ、苦みばしったギョロリとした鋭い眼の人相が現れるかと期待している。

が、振り向くと、現れるのは、あるのかないのか分からないような細い眼。ドッと、笑いが起きた。

つまずいたり、振り返ったりするたびにも笑いが起きる。康雄は、さとった。

〈ああ、おれがなにかやると、おかしいんだな〉

渥美悦郎は、体つき、表情、仕草で笑いをとる芸人であった。

川崎のストリップ小屋で、バラエティショーがあった。渥美は、その合間の芝居『パンツの匂いを嗅ぐ男』に出た。

司会も兼ねた座長が、始まる前に幕の外へ出て、読み上げる。

「ただいまより、『パンツの匂いを嗅ぐ男』一幕六場を開演いたします」

座長が、役名と役者名を読み上げていく。いよいよ、渥美の番となった。

「渥美、エーッ、渥美……」

座長がつかえた。

「渥美……清」

悦郎ではなく、清とやってしまった。

芝居が終わり、康雄は、座長のところへ文句を言いに行った。

「ぼくは、清じゃありませんよ。悦郎です」

座長は、とりあげない。

「悦郎なんて、語呂が悪いよ。清がいい。言っちゃったんだから、そうしておけ」

以来、渥美清となった。

渥美の色情狂の殿様の役が、珍妙でウケた。

「パツイチ、どうだ」

「一発」をひっくり返し「パツイチ」である。

「ナニをしないか」とすぐに誘うエッチな殿様であった。

渥美が浅草の『百万弗劇場』に入るのは、それから間もなくである。

決して他の役者には手の内を見せない

渥美の浅草でのストリップ劇場時代の仲間である谷幹一は、その時代を懐かしく語ってくれた。谷は、昭和二十七年六月、大衆軽演劇のメッカ浅草の国際通りに沿ったストリップ劇場百万弗劇場の楽屋口をくぐった。

百万弗劇場の楽屋は、いわゆる鰻の寝床のように、細長く奥に伸びていた。そこで、役者たちが、せっせと化粧をしている。

支配人が、みんなに紹介してくれた。

「来週から出る谷さんです」

谷は父親に勘当されても念願の研究生としてムーラン・ルージュに入った。

新宿のムーラン・ルージュは、昭和六年（一九三一）に、浅草オペラ出身の佐々木千里が創設した。浅草の大衆軽演劇に対し、新喜劇と称していた。都会的感覚で、学生やサラリーマン層の支持をえた。戦前には有島一郎らがいたが、戦後は、森繁久彌が人気を博していた。

が、昭和二十六年（一九五一）五月、ムーラン・ルージュが閉鎖した。仕方なく、研究生仲間と、当時話題のチャタレー裁判を劇にして、地方を巡業してまわった。が、不入りで解散。

それから流れてきたのだった。

谷は、挨拶をすませると、これからはじまる芝居を見せてもらった。

時代劇であった。その中に、一人、ひときわ目立つ役者がいる。大げさなほどに槍をぶんぶんと振り回す。合間に入る音楽に合わせて、歌舞伎よろしく大見得を切った。

それほどまで迫力と凄味を感じさせる立ち回りを、谷は見たことがなかった。

〈なんて、キレのいい立ち回りをするんだろう〉

楽屋の一番奥に陣取っていた役者だった。その役者こそ、渥美清だった。

その夜、芝居がはねたあと、客が一人もいなくなった舞台で稽古に入った。

浅草の芝居小屋は、一年三百六十五日、一日も休みなし。演し物は、十五日おきに変わる。

しかし、稽古をする暇がないので、芝居がはねたあと、徹夜で次の芝居の稽古をすることになっていた。

演し物が変わるたびに、役者の香盤表が張り出される。演し物の各場面ごとに、出演する俳優の役と名が書き連らねてある。その表に自分の名前があるかないか、みんな冷や冷やして見る。あれば、次も出られてよかった、と胸を撫で下ろす。表にない役者は、化粧前をたたんで帰って行く。半月は失業するのだ。

役者たちに、休みはなかった。一日でも休めば、翌日には自分の役も、楽屋での席もない。

支配人が、宣告する。

「おまえ、昨夜は、コレ（踊り子）とお散歩かい。たいそうな身分だね。明日から来なくていいよ」

素人の女の子と歩いていてもなにも言われないが、踊り子に手をつけることは禁じられていた。渥美は、役者はすべてテキヤだと思っている節があった。テキヤは、縁日で稼ぐ。儲けのいいテキヤもいれば、そうでないテキヤもいる。稼ぎの悪いやつは、商売が出来ないから、ショバを移っていく。役者もそれと同じだ。

男の役者は、すべて日給三百円、税金を引かれ二百七十円だ。ともかく苛酷《かこく》きわまる世界だった。

谷に与えられた百万弗劇場での初めての芝居は、時代劇だった。谷は、チョイ役で女の子を襲うヤクザの役をもらった。

読み合わせのあと、立ち稽古に入った。渥美も加わっていた。

谷は、ムーラン・ルージュでやってきたように、台本に書いてあるとおり、演出家の言うままに演じた。

稽古は、谷が思っていたよりも楽に進んだ。谷は、高をくくった。

〈浅草、浅草と凄いところのように言うが、この程度かい〉

いよいよ、初日の幕があがった。

谷は、女の子に乱暴をしかけた。端役の谷にとっては、客にも支配人にも、自分の演技を見せつける唯一の見せ場だ。

勢いこんで女の子の身ぐるみはがさんとしたとき、渥美演じる侍が、舞台の袖から勇んで飛びこんできた。

谷に、声を発した。

「兄さん、そういう非合法のことは、いけないよ」

その独特の節まわしに、客は、いっせいに笑い声をあげた。

が、谷は、あっけにとられていた。

「……」

渥美は、まったく台本にはなかったセリフをしゃべりはじめたのである。谷にしてみれば、いきなり相手ボクサーにアッパーカットを食らったような気分だった。

渥美は、谷がとどまっていると見るや、その頃流行語となっていた「ＧＨＱ（連合軍総司令部）」だとかいった言葉を実に効果的に織りまぜながら、小気味よいセリフを速射砲のように浴びせかけてきた。

谷は、ただただ圧倒されて、どうすることもできない。渥美に、まんまと自分の見せ場を食われてしまったのである。

渥美は、稽古では、まかり間違っても、自分の手の内を見せたりしなかった。自分の力は、おくびにも出さなかったのである。

谷が生きてきた芝居の世界とは、まったく違った。稽古のときの渥美はただ流すだけで、じつは谷の力量をはかっていたのだった。

谷は、うちひしがれて楽屋にもどった。

谷が化粧を落としている横に、渥美がやってきた。谷の顔を、ジッと見つめた。その眼はひどく細いが、その奥には不気味なほどぎらついた光がひそんでいる。谷に、舞台で圧倒された苦い思いがふたたび蘇ってきた。

渥美が、笑みを浮かべて訊いた。

「坊や、出は、どこだい」

渥美は、芝居の幕が開くまでは、谷のことを「谷さん」と呼び、対等に話していた。ところが、谷の芝居を見たあとは、四歳しか年が違わないのに、いまや「坊や」扱いだった。

渥美は親しげに語りかけているようだが、あきらかに、上の者が下の者に訊く態度だった。

実力の差を見せつけ、序列をつけられてしまったのだ。

谷は、悔しさを押し隠しながら答えた。

「ムーランです」

渥美は、にやりとした。

「ああ、出は、一流だねぇ」

「渥美さんは、どこなんですか」

渥美は、角張った顎をあげて見得を切った。

「おれは、赤羽の『公楽』よ」

渥美の顔に、ふたたび、皮肉な笑みが浮かんだ。公楽は、赤羽のストリップ劇場である。ムーラン・ルージュとは格が違った。

百万弗劇場は、一日三回興行であったが、一回目の幕は、午前十一時に開いた。

もっとも下っ端の谷は、その一時間前の午前十時には、楽屋に入った。

渥美は、谷よりも二十分ほど遅く入ってきた。

入ってくるなり、楽屋口に近い末席に座っている谷に、二十円ほど渡した。

「坊や、〝気付け薬〟、頼むよ」

焼酎を買ってきてくれというのである。

谷が五合瓶を下げてもっていこうとすると、渥美は顔をしかめた。

「おいおい、役者だろ。袂《たもと》、袂」

袂で瓶を隠すようなしぐさをした。

役者が酒を飲んで芝居をしているところを見せては、劇場に足を運んでくれたお客が、いい気持はしない。支配人にでも見つかれば、どやされる。しかし、役者は着物を着ていて袂がある。なるべく、まわりには分からないように、せっかくの袂に瓶を隠して買ってこいと言うのだった。

谷は、量り売りをしている玉川屋という酒屋で一合買い、急いで帰った。

渥美は焼酎の入った五合瓶を谷から受け取ると、湯呑茶碗になみなみと注いだ。

喉を鳴らしながら、一気に「カーッ」とあおった。

手の甲で口の端を拭うと、気合を入れた。

「さあ、いくぞ。元気でいこう！」

ペッとひと吹き、勢いよく手のひらに唾を吐きかけた。

朱銅という化粧品を手際よく掌で練ると、自分の頬に塗りつけた。

焼酎で赤くなったのか、朱銅で赤くなったのか、頬がほんのりといい色に染まった。

表情も、引き締まった。

「いくよ、幕、あくよ!」

気合づけに、両手で自分の頬を叩いた。パンパンと、楽屋にその音が響く。

進行係が、まわりにふれまわった。

「幕、開きまーすッ」

渥美の掛け声で、百万弗劇場の一日がはじまるのだった。

役者たちは、それから午後九時まで、ほとんど一時間おきに、芝居やコントのために舞台にあがった。

そんな苛酷ともいえるほどのスケジュールの中で、渥美は、楽屋にひかえているときには必ず焼酎をあおっていた。

ビールは高いだけで酔わなかった。だから、焼酎であった。「趣味は、チュウです」と口にしていた。食事は、昼は盛りそば専門。夜、焼酎を楽しむために、腹を空かせておくのだ。ドンブリ飯など豚みたいにかっこんでいるやつが馬鹿に見えたようだ。

谷が、渥美はアルコール中毒ではないかといぶかるほどだった。

が、渥美は、ひとたび舞台に立っても、呂律がまわらなくなることはない。むしろ、酒がまわればまわるほど、しゃべり口にメリハリが効いて歯切れがよくなった。小気味よいアドリブが、次から次へと飛び出してくる。

一緒に舞台に立っている谷は、とてもついていけない。

渥美は、谷に、もどかしそうに言った。

「いいよ、おまえは黙ってろ。なにも、言うな！」

自分で、すべて進めてしまった。

客席からは、渥美がしゃべるたびに、どっと笑いが湧き起こる。

喜劇でない芝居でも、同じだった。つねに客を笑わせた。笑わせないではいられない衝動に駆られているかのようだった。

舞台の袖で見ている演出家は、頭を抱えこんだ。

「おいおい、これは、喜劇じゃないんだぜ。勘弁してくれよ」

ところが、谷が百万弗劇場に移ってから半年後、百万弗劇場は潰れた。

浅草には軽演劇のキラ星が集《つど》う

谷は、幸いにもフランス座の文芸部にいた上代利一の推薦で、浅草でももっとも花形の劇場浅草フランス座に移ることができた。

谷がフランス座に入って間もなく、渥美がフランス座の楽屋に谷をたずねてきた。

百万弗劇場では威勢のよかった渥美も、さすがに元気がなかった。

「いいな、おまえは、ここに出られて。支配人に、おれを紹介してくれよ」

当時、浅草では、浅草フランス座がトップで格からいうとブロードウェイ。二番目が、浅草ロック座で、これは、いわば日舞の世界。もう少し下って、若い層には、新宿フランス座、池袋フランス座があった。経営は、すべて松倉卯七である。

渥美は、フランス座には推薦してもらえず、まだどこの劇場に移るかも、決まっていなかった。

谷は、支配人に相談した。

「おれの友達に、桁はずれにおもしろいのがいるんです。出してもらえませんか」

支配人の答えは、冷ややかだった。

「男は、いまいっぱい」

ストリップ劇場で、もっともえらいのは、ヌードダンサー、その次が普通の踊り子、その下が男の役者だった。給料からして違う。男優は、一日三百円で、ヌードダンサーは、最低一日千円だ。トップダンサーになると、一日五千円は稼ぐ。それに男の役者は、入れ替えが、いくらでもいた。

谷は、申し訳なさそうに、渥美に支配人から言われたことを話した。

渥美は、ふっと鼻で笑った。

「ああ、そう。じゃあ、ほかをあたってみるよ」

谷は、それからしばらくして、渥美が川崎セントラルというストリップ小屋で役者をやっているとの、風の便りを耳にした。

それから数カ月後のことである。渥美がひょっこりと、フランス座の楽屋に顔を出した。

「おれ、今度、ロック座にくることになったよ」

ロック座とフランス座は、近くにある。経営者も同じ松倉卯七である。

渥美は、それからというもの、よく谷をたずねてきた。

しばらくたって、渥美が、フランス座に入ることが決まった。

渥美は、ロック座よりも、ランクが上のフランス座のほうが合っていると認められて、スカウトされたに違いない。

フランス座の楽屋では、楽屋口に向かって右側の一番奥から佐藤久雄、森八郎、南利明、谷幹一、関敬六、東八郎が化粧前をならべていた。

左側には、佐山俊二、八波むと志、玉島精二、長門勇が陣取っていた。

南利明、八波むと志は、のちにムーラン・ルージュ出身の由利徹と三人で「脱線トリオ」を組む。テレビ草創期の日本のお茶の間を、笑いの虜にする。

東八郎は、「トリオ・スカイライン」の中心として活躍。

タップダンサーとしての才能を持っていた佐山俊二は、八波むと志と「あらいやだコンビ」を結成したあと、八波むと志亡きあとの「脱線トリオ」に参加。そのなよなよとした存在感は、女形をやらせると、絶品である。のちに『男はつらいよ』にも、寅に馬鹿にされ、しょっちゅう喧嘩を繰り返す柴又商店街のオヤジとして登場する。

長門勇は、のちに朝日放送の超人気番組『スチャラカ社員』で、珍妙な岡山弁をあやつる無能

する。

は、「おえりゃあせんのお」という岡山弁を口にし、右の人差指で鼻の下をこする素浪人を好演

剛）、平幹二朗と共演。風体はむさくるしいが、槍を持たせたらだれにも負けない。人を斬って

課長として登場。フジテレビの五社英雄演出の時代劇『三匹の侍』でも、丹波哲郎（のち加藤

のちに売れっ子となる役者たちが揃っていたのである。

昭和二十八年三月の、まだ寒さが少し残る日のことであった。渥美は、てっぺんをぺちゃんこにつぶした中折れ帽をかぶり、杉綾のコートを羽織って、浅草フランス座の楽屋ののれんをくぐった。

「オース、今日から厄介になる渥美です。よろしくたのみます」

渥美は、いきなり、それまでもっとも格上であった佐藤久雄より奥に、化粧前をかまえた。楽屋で座る位置は、劇場の頭取が決めていた。その頭取が、渥美の力量を認めて、もっとも実力者の場所に座らせたのだった。

渥美は、フランス座に移って初めてのショーに出た。

谷は、渥美がどのような芸を見せるか、袖口からのぞき見た。

渥美は、進駐軍のかぶっている帽子をかぶり、サングラスをかけた。口には、コーンパイプをくわえていた。連合軍最高司令官のマッカーサーに扮したのだった。

渥美は、でっちあげの英語を勝手にまくしたてる。

そのあげく、いかにも英語をしゃべっているような口調で言った。

「ナニヲイッテイルカ、ワッカンネェダロゥ」

客は、さらにどっと笑う。

渥美は、すかさず、クルッと観客に背を向けた。

サングラス、コーンパイプを、ポケットにねじこんだ。

帽子の角度をチョイと変え、客のほうに振り返った。

今度は、でたらめな中国語で、なにやらわめき立てる。しかし、中国語特有のイントネーションは、しっかり押さえている。

台湾総統の蔣介石に化けたのだ。

とき折り、あきらかにでたらめだと分かるように、わざと日本人に親しみ深い「チャーシューメン」といった言葉をまじえた。

客は、でたらめな中国語をしゃべる渥美の滑稽さに、腹を抱えた。

渥美は、続いてソ連首相であるスターリンにも化けた。例によって、デタラメのロシア語をまくしたてる。

さらに、フランスの軍人でのちに大統領となるド・ゴールに化けた。でたらめのフランス語をまくしたて、ケムに巻く。

みんなが呆気に取られていると、突如、ターザンに変身し「アーアァアァアァ！」と叫ぶ。

最後は、チンパンジーのチータになり「ウホッゥウホッホ」と舞台を駆けまわる。

客席が、思わぬ展開にドッと湧いた。

役者の間では、よく言われていることがある。「一声、二顔、三姿」。渥美は、顔はいくらほめても二枚目とは言えなかった。その代わり、独特の張りのある声をもっていた。その声でまくしたてるものだから、大ウケにウケた。

それまで、フランス座にはいなかった、まったく異色の役者だった。まわりのものたちは、呆気にとられていた。

谷は、唸っていた。

〈百万弗時代よりも、いっそう磨きがかかってきた……〉

渥美は、相変わらず安い焼酎をあおりながら、谷に言った。

「芸は、教わるものじゃないよ。見て覚えるんだぜ」

渥美は、芝居だけ出て、ショーには出ないことが多かった。芝居がはねると、時間が空く。

渥美は、そういうとき、谷を誘った。

「おッ、行こうか」

舞台を観て歩いた。観るものは、選ばなかった。女剣劇まで熱心に観た。

谷とは一緒に観たことはないが、「金龍館」や「常盤座」に出ていたシミキンこと、清水金一の芝居も観ていたはずである。

谷は、その頃、日劇ダンシングチームからフランス座に移籍してきた玉川みどりに夢中になっていた。玉川は、ヌードの踊り子ではなく、歌手であった。

芝居がはねてから、なんとか誘い出そうとするが、なかなか難しかった。

職場での恋愛は、御法度であったうえに、女の子の楽屋に日参していた『墨東奇譚』など浅草を舞台に書くことの多い文豪の永井荷風が、玉川や、踊り子の女の子たちを連れ出し、食事を奢《おご》る。

独身の荷風は、当時、市川市のアパートに住んでいた。

「今日は、きみときみ、食事に行こう」

永井先生が、女の子を一人占めにするため、谷は、なかなか玉川を誘い出す口実がつくれなかった。

荷風は、男は一人も呼ばなかった。渥美も誘われなかった。

それで、谷たちは、お好み焼き屋「染太郎」で飲んだ。

しばらくたって、渥美は、楽屋でうす汚い石鹸箱のような箱にはいっている粉を、パタパタと顔にまぶしている関敬六に訊いた。

「なんだい、きみは、学生かい？」

関は、学生の役をやることになっていたので、学生服を着ていたのである。

関も、筆者にストリップ劇場時代を懐かしく振り返った。

関は、さすがにムッとして、大きな眼を剥き、その手を止めた。

「いや、学生じゃない。役が学生なんだよ」

関は、昭和二十七年三月に法政大学を卒業したあと、浅草ロック座の前にある税務署で、公売場係としてつとめていた。

勤務中、なんとか口実を作って表に出ては、浅草フランス座、ロック座、花月、大都劇場といった劇場を見て歩いた。

それが高じて、ついにフランス座で役者になってしまったのだった。大学を卒業してまだ間もなかった。学生に見えても、おかしくはなかった。

渥美は、細かい皺《しわ》のような目で、人なつっこい笑顔を浮かべた。

「なんだ、そうか。おれはまた、学生アルバイトかと思った。悪い、悪い」

渥美は、また鋭い目にもどり、谷に訊いたように、関にもあらたまって訊いた。

「どこの、出ですか」

「エノケン劇団です」

じつは、関は、エノケン劇団で五年のキャリアという嘘のふれこみで入っていたのだ。

そのせいか、関は、谷よりも格上で化粧前が奥だった。

ところが、舞台にあがって見ると、まったくなっていない。

芝居が終わったあと、渥美は、関に有無を言わせぬ口調で言った。

「おまえは、ココ」

指でしめしたのは、なんと谷の手前だった。いきなりの降格であった。

この時代の渥美はまさに「寅さん」だった

昭和二十八年七月、静岡県から上京してきた二宮睦治（後に青木建設社長）は、浅草フランス座の楽屋に、いつものようにぶらりと立ち寄った。

二宮の語るところによると、当時の二宮は、日本航空の下請け業に従事し、羽振りが良かった。

二十五歳という若さのため他人を社長に担いでいたが、実質的には会社の経営を切り盛りしていた。

二宮は、観音信仰をしていた。そのため、浅草寺の浅草観音堂にしょっちゅうお参りしていた。

そのあと、必ずフランス座に立ち寄って芝居を見た。

谷や関ら芸人と親しくなり、いつのまにか楽屋にまで顔を出すようになった。

脱がない踊り子の栗田照子、玉川みどりの大ファンで、彼女たちとも親しかった。

この日も、いつものように女性の楽屋に入ろうとした。

すると、何やら楽屋でもめている。栗田が口をとがらせて言っている。

「私、あの人の顔が嫌なの」

二宮は、耳をそばだてた。

〈どうしたんだろう……〉

どうやら、『汚された姉妹』の配役でもめているようであった。

旅館の女将役には、栗田、その妹役に玉川みどりが決まった。

が、栗田は、板前役に、渥美清を使うことが、気にいらない様子であった。

二宮は、栗田に声をかけた。

「おい、クリちゃん」

「あら、二宮さん、いらっしゃい」

「なにかもめているようだけどさ、嫌がらずにやりなよ」

栗田は、口をつぐんだ。

「でも……」

二宮は、続けた。

「渥美君は、いい芸人だよ。やったほうがいいんじゃないの」

「あら、聞いてたの……」

二宮は、浅草フランス座に移ってきたばかりの渥美清に興味を抱いていた。

初めて渥美の芝居を見たのは、関とのからみの舞台で、白い服を着て、コック帽子をかぶり、足を引きずりながら演じたコック役であった。それが、客に大ウケした。

二宮は、旧制浦和高校時代、演劇部に所属していた。そのようなことから、演劇に造詣が深かった。

渥美の芸は、ひどく個性が強かった。いわゆる浅草の芸人と違い、主体性をもっていた。

それまでフランス座では何人もの芸人が舞台に立った。が、浅草という土地柄に慣れないといけないと、どうしても浅草を意識しすぎ、かえってつまらなくなる。が、渥美は、まったくそのような意識を持っていないようだった。

渥美は、よく女形を演じた。しかも、それが、色狂いの年増だ。男を見ると、すぐにハァハァと息遣いを荒くし、擦り寄ってくる。最後には、興奮しすぎて痙攣《けいれん》してしまう。

二宮は、感心した。

〈彼の芸は、ずば抜けている〉

この当時、決まって毎日劇場に足を運ぶ、〝キヨシ〟という掛け屋がいた。掛け屋とは、舞台で演じる芸人に対して、「ヨッ、日本一！」といったように声をかけ、芸人から逆におひねりをもらう商売のことである。

二宮とキヨシが、本心から、「この芸人はいい」と評価する役者は、必ず有名になっていた。そのキヨシも、渥美のことを高く評価していた。

渥美の芸は、次になにが起こるか予想も出来ないようなおもしろさがあった。ハラハラドキドキさせる。これといって準備もない。うまい下手ではない、おもしろいことがすべてと思わせる芸であった。

そのようなことから、二宮は、栗田に渥美を板前役に使うことを勧めたのである。

栗田は、頷いた。

「二宮さんが、そうおっしゃるなら、そうしますわ」

以後、二宮は、渥美のフランス座の舞台すべてを観劇することになる。渥美とも、急速に親しくなっていった。

栗田照子だけではない。女優の玉川みどりも、ほかの女優たちとささやきあった。

「今度入ってきた人、ちょっとヤーさんぽくて、怖いわね」

小さな眼で睨まれると、怖そうだった。

顔が四角で、目つきが細くて異様に鋭いうえ、ソフト帽をかぶり、ラバーソールを履いて、肩で風を切るように歩いた。

が、そのうち、渥美の芸のうまさに感動していった。

さらに、笑っている渥美は、細くきつい眼がなくなり、愛嬌のあるやさしい感じになる。

玉川ら女優や踊り子は、たちまちにして、渥美のファンになってしまった。

踊り子たちは、渥美に近づいていった。

「お兄さん、お兄さん」

そう呼んで、相談をもちかけた。

まわりにいる役者たちにはない、人生の深みが分かっている、そんな雰囲気がただよっていた。

そのように相談をもちかけられるのは、渥美だけであった。

渥美は、特に、こうしたほうがいいとか、ああしたほうがいいとアドバイスするわけではなかった。女の子たちの相談ごとといっても、たいていは愚痴ることですっきりする、たわいもないものが多かった。

渥美は、相談に来た踊り子の肩にさりげなく手をまわし、やさしく聞いた。そういうことが、自然にできる。へんないやらしさは、みじんもなかった。

それでも、中には、勘違いする踊り子たちもいた。

〈この人は、私に気があるのじゃないかしら……〉

相談しているうちに、踊り子たちは、渥美にぽーとなってしまう。渥美は、そんな男の色気ももちあわせていた。

渥美は、初めから本気で口説こうとする踊り子には、やさしい口調で言った。

「今夜は、じっくりとききみの話を聞こうか……」

舞台で三枚目の渥美は、ひとたび舞台から降りると、下町のちょっととっぽい粋な兄さんだった。いつもトックリのセーターを着て、コートを羽織っていた。キャロル・リード監督が撮った英国映画『第三の男』で、主人公ホリーがかぶっていたようなソフト帽を、粋にかぶっていた。

街中を歩いて煙草を吸うとき、マッチを取り出して、壁に擦って火をつける。

煙草の火を消すときには、火がついてる部分を親指の爪でうまく弾き飛ばした。

ヘビースモーカーで、煙草は、粋がって缶ピースを吸った。

ひとつひとつの動きが、実に様になっていた。仕草は二枚目であった。

あるとき、関は、惚れていた踊り子が一所懸命に編み物をしているのを見かけた。

その踊り子に、訊ねた。

「それ、おれのマフラー編んでんの」

答えは、なんともつれなかった。

「違うわよ、渥美ちゃん」

関は、思わず力が抜けた。

そんな踊り子たちは、いつの間にか、渥美に惚れ、いろんなものを渥美にプレゼントしていた。

浅草の舞台では、毎日が真剣勝負であった。舞台で役者同士が火花を散らす。客にウケないと、次の仕事が自分に入らないという危機感があった。ちょっと気を抜くと、他の役者にアドリブをあびせられ、立ち往生してしまう。そのあげく、支配人から、あいつは駄目だとのレッテルを張られてしまう。

渥美は、谷や関に、自分の腕を指し示しながらよく言っていた。

「腕だよ。腕。技量だよ」

渥美は、舞台の台本もあまり読まないタイプであった。一回眼をとおして筋を摑み、二回目で自分の役柄を把握する。役の性格さえ摑めば、あとはアドリブで自分なりの役を作りあげてしまう。

「よーし、今度の舞台では他のやつを食っちゃう。嚙ませちゃおう。立ち往生させてやる」

そう言って、舞台に出て行った。

あるとき、渥美、谷、関が歌舞伎の『白浪五人男』のように舞台で勢揃いして見得を切るという場面があった。

渥美が見得を切ると、客席から大声がかかった。

「よ、大統領!」

谷にも、声がかかった。

「よ、谷!」

関が見得を切ると、絶妙のタイミングで声が飛んだ。

「大根!」

場内は、爆笑である。

楽屋に引き上げた渥美は、谷と一緒に腹をかかえて笑った。

「うまいことというねえ」

関も、悪びれずに頭をかいた。

「大根だって、言うんだもん」

渥美が、関に言った。

「おまえは、ムカベ。そう、仇名はムカベに決定」

谷が訊いた。

「なに、そのムカベって」

渥美が、愉快そうに答えた。

「役者というのは、だれでも自分の芸に壁を感じるときがある。関、その点、おまえはいいねえ、壁がなくて。だから、ムカベ」

関は、平気な顔で同調した。

「そうだね、おれ、壁はないね」

渥美は、生涯、関のこの屈託のない性格をこよなく愛した。

浅草の芝居は、一回、一回が真剣勝負である。二宮も、一日に同じ芝居を三度も繰り返して観ていた。そのため、同じアドリブでは、飽きられてしまう。何回も観る客を飽きさせないような芸をもたなくては、生き残れない。

それに、雨が降ると、満員になってしまう。満員の客席を、一回、一回呑み、自分のペースにもちこみ引っ張っていかないといけない。それは、並み大抵な努力ではなかった。

しかし、渥美は、いつも見事なほど客を呑んでしまった。その意味では、渥美は、天才的な役者であった。そばにいた関は、「怖いくらいだ」とまわりの仲間に語っていた。

渥美は、舞台を降りると、別の一面を見せた。

当時の芸人は、大道具の係を異常に怖がっていた。大道具のグループを束ねていたのが、小山という八十歳近い棟梁であった。

劇場の支配人すら、小山の棟梁には頭があがらない。なにせ、ヘソをまげて、もうやらないよと言えば、芝居ができなくなる。

小山の棟梁は機嫌が悪くなると、鷲掴みにした大きな湯呑で、相手の鼻先をゴツンとぶん殴るという癖があった。

劇場の支配人といえども、容赦はしない。小山の棟梁が湯呑を鷲掴みにすると、まわりにいる者は、配下の大道具であれ、芸人であれ、我先にと逃げまどう。

大道具は入れ墨をしょった威勢のいい若者が多く、役者が挨拶をしないと、罵声を浴びせた。

「おいこら、役者！　挨拶は、どうしたい。ちゃんと、挨拶しろい」

気に入らない役者が舞台に出ているときに、裏でトンカチをガンガンッとならし、舞台の役者のセリフが客に聞こえないようにしてしまう。

おとなしい谷は、大道具から喧嘩をふっかけられることもあった。

そんなとき渥美は、まっさきに駆けつけて、大道具に食ってかかった。

「おい、ちょっと待て待て。谷に、なんの用だ。上等だ、この野郎。表に出ろィ！」

そういうとき、渥美の細い眼が、とてつもなく怖い光を放つ。

渥美のあまりの迫力に、威勢のいい大道具も思わずひるんだ。

「いや、渥美ちゃん、なんでもないよ。いや、もういいから」

谷は、渥美から小さい頃体が弱かったと聞いていたが、とても体が弱いようには見えなかった。

〈体もいいし、顔もいかついし、喧嘩も強い。どっから見ても、お兄さんだよな〉

ときに、フランス座に渥美をたずね、昔の仲間らしいテキ屋が楽屋に来ることがあった。

「おう、やっさん」

「おう、元気かい。まあ入れよ」

それを見ていた谷と関は、思わず顔を見合わせた。

「やっぱり、テキ屋さんにいたというのは、本当なんだ」


あるとき、フランス座常連の二宮睦治が楽屋に顔を出した。

二宮は、真剣な表情で渥美清に言った。

「あんたは、うまくすると天下を取れるかもしれない」

渥美は、右手のひとさし指で自分の顔を指した。

「おれが、かい」

「ああ、そうだ。ただし、シゲを真似しろ。そして抜いてしまえ。天下を取れるぞ」

シゲというのは、森繁久彌のことであった。森繁は、大正二年（一九一三）五月四日に大阪府枚方に生まれた。早稲田大学商学部中退後、東宝劇団、古川緑波一座を歩み、昭和十四年NHKアナウンサーとなり、満州（現・中国東北地区）に渡った。

昭和二十一年に帰国後、小劇団を客演で転々とし、ムーラン・ルージュに入り、たちまち注目されていた。

二十四年の暮れには、NHKから声がかかった。『愉快な仲間』というラジオ番組のレギュラーになった。二十五年二月にはムーランを退座。その年九月には、新東宝映画『腰抜け二刀流』で主演をつとめた。二十七年からは、東宝映画『三等重役』で脚光をあびていた。

二宮は、いまは渥美は無名だが、森繁のいいところを盗めば、森繁に迫り、やがては抜いて天下を取れると確信していた。

二宮は、なにも口から出まかせを言ったわけではない。渥美と森繁のペーソスが違うからこそ、あえて渥美に森繁の真似をしろ、と言ったのだ。

森繁の父親は、漢詩人でジャーナリストであった成島柳北の甥で、家系的にインテリである。孤独で生きる物悲しさを、都会的なセンスで割って表現する。

いっぽう、渥美には、森繁のような都会的なセンスはなかった。渥美の芸風は、自分の希望が必ずしも満たされず、それを抑えようとするものが滲み出てきているのだと解釈していた。のちに『男はつらいよ』の「車寅次郎」として、若者に小言を言うシーンが多数出てくる。

これは、渥美の地だと、二宮は思っている。

二宮は、渥美がまず森繁を真似する。そのうち、森繁と資質が違うのだから、渥美なりの個性が開かれていくだろうと思っていた。

渥美は、それ以来、本気で森繁を意識していく。ムーラン・ルージュにいて、森繁を身近に見ていた谷に、こと細かく訊いた。

「ムーランでは、森繁さん、どんなことやってたかい」

谷が語ると、静かに、真剣に耳を傾けていた。

肺結核病棟にて

この頃のフランス座の一日の構成は、まず口明けの、谷幹一、関敬六、渥美清、玉川みどりあたりの芝居が、一時間から一時間十分ある。

次は、グランドレビューというストリップや、普通の踊りとジャズやシャンソンやコントなどのショー。これで約三時間。これをひとつのセットにして、一日三回まわす。正月は、客を回転させるため、少々カットして、五回ないし八回はやる。

そんなある日、その日に出るはずだった踊り子が、休んでしまった。踊り子は、劇場にとって一番大切である。役者とは違い、お咎《とが》めはいっさい受けない。が、番組に穴が開いてしまう。

進行係が、楽屋に飛んできた。

「渥美さん！　穴埋め、お願いします」

出番まで控えていた渥美は、すっと立ち上がった。

「あいよ」

そばの新聞を片手に、舞台へのこのことあがっていった。

新聞をひろげ、客に語りかけた。

「いや、お客さん、昨日凄いことがありましたね。世の中、うかうかしてられませんよ」

その新聞記事ひとつをネタに、三十分も漫談をしてみせる。

渥美は、その頃母親と一緒に住む赤羽の自宅から電車で浅草まで通っていた。その電車の中で新聞に眼を通していたようだ。

のちに、トニー谷が、ニュースコントを試みるが、渥美は、そのはるか以前に試みていたわけである。

ちょっとウケがよくないと思ったときには、さっと客に眼を放つ。

「お客さん、あんた、ずいぶん疲れた顔をしているねえ。吉原泊まり？」

江戸時代から連綿と続いている遊廓の吉原は、浅草と眼と鼻の先にあった。

そう言うと、どっと笑いがとれた。

つねにひとを笑わせている。その話術は、なんとも見事だった。

渥美は、三人の中では、もっとも向上心があった。

渥美は、その日も、いつものようにフランス座の芝居で、総理大臣の役を演じていた。

宴会の席で、おもしろおかしく酒を呑む場面に入った。はじめのうち、殊勝にとっくりに猪口を近づけて注いで呑んでいる。

が、そのうち、めんどうくさくなって、離れたとっくりから猪口に酒を投げるように注ぐ。

ついには、とっくりをポーンと宙に放り投げて、そこからこぼれる酒を口で飲む。

いつもえらぶった総理大臣が、酔ってこのようにして飲むのを、おもしろおかしく演じてみせた。

渥美にとっても、ひとつの見せ場だった。その前日までは、ウケにウケていた。

ところが、どうしたことか、その日にかぎって、観客はまったく反応しないのである。客席は、シーンと静まり返っていた。渥美がフランス座に入ってから、こんなことは初めてである。

谷は、芝居がはねた後、渥美と一緒に楽屋口を出た。

渥美は、黙りこくっていた。いつもなら、楽屋を出ながら、おもしろおかしい話をしている。が、機嫌が悪いと、まったく話さなかった。

谷は、機嫌をとるように言った。

「今日の客は、本当にひどいね」

渥美は、どうしてウケなかったのか、不思議さと苛立たしさで口を閉ざしたままだった。

それをさかいに、渥美があがっている舞台から、ぱったりと笑いがとだえた。どんなギャグもアドリブも、まったくウケない。

渥美は、芝居が終わると、いらだたしげにビール酵母から作ったエビオスという胃薬を飲んだ。

「まったく、どうなっているってんだ……」

食欲もなかった。おそらく、胃腸が悪いせいに違いない、と胃薬を飲んでいた。

体もだるいのか、楽屋で座っていることもできない。控えているときには、ゴロリと寝そべった。

じつは、渥美は、結核で肺を冒されはじめていたのである。舞台にあがっても、だるさのために、どうしても楽をしようとする。いつもと同じ演技をしていても、形だけだった。魂が抜けていた。

客は、敏感である。渥美に、いつもの迫力がないことが分かっていた。それゆえに、それまでのような反応もせず、静まり返っていたのだ。

屋美は、王子の国立病院で検査を受けた。

医者は、冷酷無比な調子で宣告した。

「結核ですな。手術だ、一年入院」

昭和二十九年五月のことである。

入院先は、埼玉県春日部にある朝倉病院であった。

病棟でのテキヤの口上がウケた

渥美は、ある日、ボンズと渥美があだ名をつけている病院仲間に身分をあかした。

「ボンズ、おれ、じつは、浅草のフランス座に出ていた役者なんだ。いつか、あのテキヤの口上をな、舞台でやってみてえんだ。な、こうやってよ。

『もののはじまりが一ならば、国のはじまりが大和の国、島のはじまりが淡路島、泥棒のはじまりが石川の五右衛門なら、助平のはじまりが小平の義雄』」

小平義雄は、昭和四年に中国大陸での戦功により勲八等旭日章を受賞したものの、昭和七年に岳父を殺害し、懲役十五年の刑を受ける。昭和二十年五月から二十一年にかけ、七件もの強姦殺害をおこし、死刑となった。

「『はじまりばかりでは話にならない、続いた数字が二つゥ、兄さん寄ってらっしゃい吉原のカブ、日光、けっこう、東照宮、仁吉が通る東海道、憎まれ小僧世にはびこる、仁木の弾正、お芝居の上での憎まれ役。

続いた数字が三、産で死んだが三島のおせん、おせんばかりがおなごじゃないよ、かの京都は極楽寺坂の門前で、小野の小町が三日三晩、飲まず食わずに野たれ死んだのが三十三、とかく三という数字はあやが悪い。

続いた数字が四つであります、四谷、赤坂、麹町、ちゃらちゃら流れるお茶の水、粋な姐ちゃん立小便、白く咲いたか百合の花、四角四面はとうふ屋の娘、色は白いが水くさい、一度かわれば二度かわる、三度かわれば四度かわる、淀の川瀬の水車、たれを待つやらくるくると。

ごほんごほんと浪さんが、磯の浜辺でねえあなた、私ゃあなたの妻じゃもの。

昔、武士の位を禄という、後藤又兵衛が槍一本で六万石、ろくでもない子供がきちゃいけないから、教育資料の一環としてお父さん、ピース一個買うお値段で、買っていただきましょうこの英語の本、メンソレータムに、ＤＤＴ、ＮＨＫに、マッカーサー、古い英語がズラーッと書いてある、表紙も赤いよ、赤い赤いは何見て分かる、赤いもの見て惑わぬものは、木ぶつ、金ぶつ、石仏、千里旅する汽車でさえ、赤い旗見てちょいと止まる。

続いた本が、色が黒い表紙、色が黒いか黒いが色か、色で惑わす万朶《ばんだ》の桜、色が黒くてもらい手なけりゃ、山のカラスは後家ばかり、色が黒くて食いつきたいが、あたしゃ入れ歯で歯がたたない』」

みんな集まってきた。パチパチと拍手喝采である。渥美の身振り手振りの口上を、写真に撮った。

渥美は、その前を、フンというような感じで通りすぎた看護婦を見ていった。

「やだねえ、なんだいありゃ、つんけんつんけんしてさ……」

渥美は、病院全部の空気を変えてしまった。もともと明るいのに、結核にかかったため、塞ぎこんでしまった人も、渥美を見て、とたんに明るさをとりもどしたようだった。

このテキヤの口上は、のちの寅さんの映画で活きることになる。

渥美は、昭和三十一年四月には、朝倉病院を退院できた。一年十一カ月の入院であった。地獄を見たすえ、命びろいしての新たなる出発であった。

「浅草フランス座」に復帰したものの

朝倉病院からもどった渥美は、古くからの演劇記者を、金杉橋に訪ねた。

戦後すぐお色気を売り物にしている異色の夕刊紙としてスタートした「内外タイムス」記者の橋本与志夫であった。

橋本にとって浅草フランス座、浅草ロック座、日劇、いろいろな舞台を踏んでいる渥美清は、その強烈な顔ゆえに、忘れられない俳優であった。

その日、渥美が訪ねてきたことも、橋本には意外ではなかった。よく踊り子や役者は、橋本を訪ねてきた。売り込み、相談、いろいろな理由でやってきた。「内外タイムス」は、浅草芸人に絶大なる信頼と信用を得ていた。

浅草芸人は、朝日、毎日、読売の三大紙の情報より「内外タイムス」の情報を重宝がったのである。

渥美は、橋本に質問した。

「これからやり直そうと思ってるんですけど、どんな売り方をしていったらいいですかね」

橋本には、渥美が相当考えこんでいる様子がうかがえた。

橋本は、軽い調子で何気なく思いついたことを言った。

「アメリカのコメディアンで、ジョー・E・ブラウンっているだろ。あの大口で有名な」

「ええ、知ってます。『ブラウンの本塁打』とか『ブラウンのサーカス』とか、『ショーボート』とかね。おもしろい役者ですよ」

ブラウンは、大口に拳を突っこむ体ギャグや、大口を話題とするギャグで、一世を風靡した。

渥美も確かに、ブラウンに負けないくらい大口ではある。橋本が、渥美を観ていてブラウンの名前が閃《ひらめ》いたのは頷けないことではなかった。

「ああいう線で行く手も、あるな」

橋本は、深い企みがあったわけではなかった。ただ、渥美という俳優を見たとき、一度見たら忘れない顔というだけで、お客に親近感を持たせる、とは思っていた。

その点、関敬六、谷幹一、あるいは、東八郎は、いずれも、黙っていれば、二枚目。造作は崩れていないし、異物的な感じはしない。日常の延長からすべり出てきた感じがする。

が、渥美には、日常性との断絶がある。日常性が皆無ですらある。むしろ、黙っていれば、日常を拒絶するような違和感がある。

渥美は、存在そのものが笑いなのだ。

渥美は、黙って橋本の意見を聞いて帰った。

橋本には、渥美が、迷い、なにか新しいものを必死で摑もうとしている気配がヒシヒシと伝わってきた。

二年ぶりに浅草のストリップ劇場「浅草フランス座」に復帰した病み上がりの渥美の体は、風に飛ばされそうに細かった。三十五キロしかなかった。

ちょうどその頃、フランス座の文芸部員に井上ひさしがいた。のちの直木賞作家である。まだ入って間もなかった。井上は、進行係であった。

その井上が書いたフランス座第一作を渥美が演じることになった。

谷は、その『看護婦の部屋』という台本を見た。

「助平な医者、血を見るとすぐにひっくりかえる。そのくせ、看護婦には手が早い。縁無し眼鏡で、最高にキザである」

渥美は、「どしたの」などとキザにいい、みごと助平医者を演じきった。

そんなある日、関は、渥美に熱っぽく語った。

「渥美やん、前から言っていたように、おまえと二人で、コンビを組んで漫才をやろうぜ。そして、歌謡曲の司会をやって、地方をまわろう。一発当たったら、それを機会に中央にのし上がり、おれたちの好きな仕事をしようじゃないか。コンビの名前も、すでに決めているんだ」

「なんていう名だ」

「丸角コンビだ」

「丸角コンビ？」

「おれが全体に丸くて、渥美やんが、全体に下駄みたいだろう。な、そうしよう」

丸角コンビの名は決まった。

関は、夢を語り続けた。

「一番はじめに儲けた金で、二人でお揃いの背広をつくる。新しい靴も買い、浅草の仲見世を歩こう。観音様にも、お参りしよう。これは、当たるぞ！」

関は、さっそく台本を作ってきた。

「渥美やん、おれが徹夜で作った、おもしろいもんだ」

近くのレストラン『大阪屋』のパーティーで、漫才を披露するというのだ。

渥美は、関が書いたという『大きいやつと小さいやつ』のタイトルの台本に眼を通した。

〈チェッ、なんだい、これは……〉

渥美が大きいほうのタワシがいいと主張し、関は、なんでもかんでも小さいタワシがいいと言って、掛け合いをしていく。

渥美は、どうにも乗り気になれなかった。

「いや、ちょっとなあ……」

躊躇《ちゅうちょ》する渥美の背中を、関が叩いた。

「いいから、やるだけ、やってみようぜ」

関は、ずっと病気の見舞いに来てくれたのだ。断るわけにはいかない。

レストラン大阪屋の舞台に、立った。

二人は、出来るだけオーバーにしゃべった。

が、客は、クスリとも笑わない。

客のナイフとフォークをせわしなく動かす音だけが、妙に大きく響く。

髭を生やした顔色の悪い紳士が、怒ったような顔をして渥美を睨み、カツを口に頬ばる。

部屋の隅に立っている白服のボーイも、気の毒そうに伏目がちに見ていた。

店内は、まるっきりしらけてしまった。

渥美の、借り物の衣装を着た背中に、さすがに脂汗が滲み出た。

しかも、予定の時間よりもはるかに早く終わってしまった。

終わっても、拍手ひとつない。

渥美は食器を下げるボーイの動く姿を目のはしで見ながら、関とともに逃げるように舞台を降りた。

みじめさを引きずりながら、二人は、裏口を出た。

陽は、とっぷりと暮れていた。

関が、街灯の下で立ち止まった。

「これは、おまえのぶんだぞ」

失敗したのは、おまえのせいだと言いたげな目だった。

渥美は、黙って手渡された千五百円を受け取った。

丸角コンビは、その場で解散した。

トリオコントでテレビのレギュラーを摑む

ある日、関が、田端にある弥生荘の渥美の部屋に飛びこんできだ。

「おい！　おれと一緒に、テレビでコントをやろう」

渥美は、顔をしかめた。

「コントだって」

渥美は、『大阪屋』の失敗を決して忘れていなかった。

〈あんな惨めな思いをするくらいなら、死んだほうがましだ〉

関は、まくしたてた。

「富井照三プロデューサーに頼みこんだら、やらせてくれるって言ったんだ。台本は、おれが書く。な、やろうや」

二人は、毎週金曜日十二時十五分からはじまるバラエティー番組『お笑い百貨店』の中で、十五分ほどのコントを受けもった。初めてのレギュラー番組ということで、張り切った。

渥美と関がテレビ局の食堂で安い定食を食べていると、沢村いきを、丘寵児、藤村有弘、逗子とんぼといった人気スターが、次から次へと出入りする。

「おい、すげえな」

出番が終わると、二人は、山王下のそば屋に寄って、もりそばを注文した。

関が、隣りでカツ丼をうまそうに食う客をうらめしそうに見た。

「おれたちも、早くカツ丼が食べられるようになりたいな……」

出演料が千二百円では、カツ丼までは食べられなかった。

が、その番組は、十三回、テレビでいう一クールで終わってしまった。

関は、それからも、渥美や谷幹一を売りこみに走った。

関は、朝からテレビ局に駆けこんだ。

「なにか、仕事はありませんか」

テレビ局のひとたちは、関の顔も見ずに手を振った。

「ないよ」

そのうち、関は、テレビ局のひとから、「御用聞き役者」とか「ご苦労さんの敬六」とまで言われるようになった。

関は、あるとき、KR（現・TBS）のお笑い番組『芸能百貨店』のディレクターをフランス座に連れていった。

ふたたびフランス座の舞台に立った渥美のことを売りこんだ。

ディレクターは、渥美に興味を抱いたらしい。

「おもしろいねえ」

しばらくたって、そのディレクターが、関に言ってきた。

「このまえの、渥美清、あの役者に、『わが輩ははなばな氏』に出てもらおうと思うんだけど」

昭和三十一年七月から始まった『わが輩ははなばな氏』は、フランキー堺が主演の喜劇だった。渥美は、その番組で居候の役だという。チョイ役には違いないが、テレビに進出するチャンスがおとずれたのである。

関は、ただちに渥美に連絡をとった。

渥美は、不機嫌な表情をあらわにした。

「おれの仕事なんて、取ってくるな！　自分のことを、売ればいいじゃないか」

「そう言わずに、とにかくスタジオに行ってくれ」

渥美は、引きずられるようにスタジオに入った。

が、渥美は、ひとたびスタジオに足を踏み入れると、まわりの者や視聴者を笑わせるために懸命に演技した。

あまりのおかしさに、生本番で出演している出演者たちまでが噴き出してしまった。が、渥美に、続いて仕事が舞いこんでくることはなかった。

関は、そのうち、渥美と谷を誘った。

「三人で、トリオを組もうじゃないか」

関は、積極的だった。

トリオの名前も決めないままスタートすることにした。

関は、足取りの重い渥美と谷を引き連れ、市ケ谷にある日本テレビ、赤坂にあるKRと、仕事をもらいにテレビ局を歩いてまわった。

「おはようございまーす。なにか、お仕事いただけないでしょうか」

だれも、振り向いてはくれない。

三人は、それでも頭を下げる。

「ありがとうございました」

その頃、三人とも、役者としてどこかのプロダクションに所属するとか、自分たちでマネジャーを雇うということをまったく考えていなかった。浅草の役者は、自分たちの仕事はすべて自分たちで探すものだと思いこんでいた。

田端の弥生荘にほど近いツケのきく銭湯では、あいかわらず三人のフルチン稽古が続いた。

昼をちょっと過ぎたあたりである。客は、ほとんどいなかった。三人は、フルチン姿で、広い風呂にある大きな鏡の前に立った。

三人合わせて、見得をきったり、六方を踏んだ。銭湯を稽古場がわりに使っていたのである。ギャグを考えていたのは、谷だった。谷は、グルーチョ、ハーポ、チコの三人の兄弟で作っていた喜劇グループ、マルクス兄弟を狙っていた。マルクス兄弟は、三人一緒になって、這いずりまわったり、足をあげたりする。関は一番下の弟チコ役で、しゃべりはもっぱら渥美と谷だった。渥美がボケで、谷がツッコミだった。

最大の転機がやってきた

渥美に、わずかながら、転機がおとずれた。昭和三十二年秋、日本テレビの連続ドラマに出演が決まったのである。

朝丘雪路主演の中野実アワー『すいれん夫人とバラ娘』である。

すいれん夫人に高杉早苗、朝丘は、その娘のバラ娘朝子を演じる。父親役に佐野周二。渥美は、朝子が経営する小さな探偵社の事務員として雇われる。

「朝子は、なにも知らないお嬢さんだから、事務員には、お嬢さんが飽きないおもしろい男を雇うことにしよう。浅草におもしろい男がいるから、彼を事務員に」

プロデューサーの案で、浅草のおもしろい男渥美が選ばれたのである。

渥美は、それまで『わが輩ははばな氏』に出ていたというものの、あくまでチョイ役であり、本格的にテレビドラマに出るのは、初めてだった。

しかも、連続ドラマだ。相手も、当時人気絶頂の朝丘雪路である。

宝塚歌劇団出身のジャズ歌手にして、女優。父が日本画の伊東深水、母が新橋の芸者という環境から、幼い頃から習い事をおさめ、日舞、洋舞、音楽の英才教育を施されていた。宝塚歌劇団を卒業後は、基礎を叩きこまれた器用な身ごなしで、あちこちで重宝がられていた。浅草軽演劇出身の渥美にとっては、クラクラと目眩がするような環境に育った女性である。

初めて日本テレビの稽古場に入ったときから、めずらしく上がっていた。

プロデューサーが、渥美を朝丘に紹介した。

「こちら、渥美清さん」

思わず、朝丘が訊いた。

「あら⁉ 靴は、どうなさったの」

見ると、渥美は、素足でスタジオの床を踏んでいる。

「いえ、玄関に置いてきましたが」

「ふふ、変な人。スタジオは、靴履いたままでいいのよ」

「浅草では、役者にとって舞台は神聖な場所と教えられました。その癖で、つい……」

渥美は、そう言って頭をかいた。

朝丘の渥美の第一印象は、とにかくヘンな人であった。

病み上がりの渥美の顔も、朝丘にすくなからずショックを与えた。

頬骨が出て、口の端がへこんでいる。小さい眼が鋭く、ちょっと見には、怖い風貌。

ところが、最初は、緊張していた渥美も、ほぐれてくると、本領を発揮した。

事務員は、お嬢さん探偵に頭が上がらない。密かに恋心を抱いているからだ。

頭ごなしに「駄目！」と朝子に怒られるとき、小さい眼をパチパチしょぼつかせながら、下を向いてしまう。

その仕草が、役のうえとはいえ、朝丘の眼には、なんだかとても愛らしく映った。

朝丘は、朝子なので「朝ちゃん」と渥美が呼び、渥美のことは、「渥美ちゃん」と朝丘が呼んだ。

渥美は、自分のことを言うのに、その呼び方をそのまま自分で会話の中に使った。

「朝ちゃん、渥美ちゃんね、肺がひとつないのよ。だから、風邪もひけない。風邪ひいたら、重い病気になってしまう。いつもおふくろに病院で看病させたから、今度は、渥美ちゃん、偉くなっておふくろ孝行しなくっちゃいけないのよ」

番組は、残念なことに、六回で終了した。

昭和三十三年十二月五日、関は、いつものように日本テレビに御用聞きに出かけた。

「なにか、御用はありませんか」

じつは、そのとき、番組編成室は、大騒ぎとなっていた。

「一竜斎貞鳳さんが、倒れた！」

講談師の一竜斎貞鳳は、日曜日の夜十時四十分から十五分間、『ポケットコント』という番組に出演していた。

プロデューサーの米村輝国が、関に声をかけた。

「関やん、いま当たっている脱線トリオみたいなもの組めないかね」

脱線トリオは、かつて渥美と一緒に浅草フランス座にいた八波むと志、南利明に、新宿のムーラン・ルージュにいた由利徹をくわえた三人のトリオであった。

ついにチャンスがおとずれたのだ。関の声は、はずんでいた。

「渥美清、谷幹一、私の三人でやります！」

二日後に、いきなり生本番だった。

関は、渥美と谷とで相談した。

「十二月だから、赤穂浪士ものにしよう。外伝で、四十七士以外に、じつは四十八番目の男がいたという設定で、そいつがドジな奴で、討ち入りに遅れてしまう」

『四十八人目の男』というコントにした。

関は、渥美と谷に発破をかけた。

「このチャンスをものにしなかったら、二度とチャンスはおとずれない。懸命にやろう！」

ドジな浪人役に渥美、谷がそば屋、関は、吉良邸の中間《ちゅうげん》。三人は、固く手を握り合った。

十二月七日、入念なリハーサルを三回もやった。

いよいよ、本番。三人とも勢いこんで、懸命に演じた。

ところが、ドジな浪人を演じている渥美が、台本のセリフを三ページも飛ばしてしまった。

当時は、収録ではない。すべて生中継だった。やり直しはきかない。

三人とも、一回目の放送ということで、緊張しきっている。谷も、関も、穴を埋めるアドリブがきかない。

舞台で数々の修羅場を踏んできたはずの渥美もまた、なにがなんだか分からなくなってしまった。

〈ええい、ままよ！〉

ヤケになって、吉良邸の中間を演じる関、ソバ屋を演じる谷の頭を、扇子でこづきまわした。

ついには、そば屋の屋台にあったそばも、二人の頭にぶちまけた。

そば汁は、釜ごとぶちまける。

屋台は、メッタメタに壊した。

三人とも、頭からソバや汁をかぶりながらスタジオで暴れまわった。三人とものびてしまったところで、幕となった。

失敗は、火を見るよりもあきらかだった。演出の米村は、真っ赤になって怒っている。

三人は、米村プロデューサーに、平謝りに謝った。

米村は、これ以上怒ってももとにはもどらない、と思いなおしたのか、ため息まじりに言った。

「まあ、そういうこともあるよ」

米村は、新人を発掘することで有名なプロデューサーだった。ひそかに、この三人を、「脱線トリオ」と同じようなトリオにしようと考えていた。それなのに、初っ端からの大失敗である。

プロデューサーの米村は、あらたまって訊いた。

「ところで、なんで、三人ともカメラばかり見ていたんだ」

米村は、まず、関の顔を見た。

関は、なにも言わず黙りこんでいる。次に、渥美の顔を見た。

が、渥美は、顔を伏せたまま答えない。

米村は、谷の顔を見た。

「どうしてだい」

谷は、もぞもぞとした口調で言った。

「関やんが、三台あるカメラのうち、頭の赤いランプが光っているのがあるから、そのカメラが客席だと思えって……」

関は、渥美らよりもすこしばかり早くテレビに出ていた。先輩面して、二人に教えたのだった。

渥美らは、ほとんど舞台での芝居しかしたことがなかった。舞台では、つねに客席に向かってセリフをしゃべる。そのために、ランプが光っているカメラを客席と思えと言われれば、ついランプの光っているカメラのほうを向いてしまったのだった。

日本テレビを出た三人は、総武線市ケ谷駅ホームの端にあるベンチに座った。最終列車が来るのを待った。

関が、冷たい視線を渥美に放った。

「なに、考えてるんだ、いったい。セリフを、三ページも飛ばしやがって」

谷も、渥美をなじった。

「そうだよ。あんだけ、このチャンスを取りのがしたらもうチャンスはないから、懸命にやろうって言ったのに」

「この番組を降ろされたら、おまえのせいだからな」

渥美も、そこまで言われると、ムキになった。

「なに、ぬかしやがる。仕方ねえじゃねえか！」

総武線最終列車の灯が見えてくるまで、関と谷は、渥美をなじり続けた。

一気にブレイク、「脱線トリオよりおもしろい」

二日後、三人は、打ち合わせのために顔を揃えることになっていた。

一番遅れてやってきた関が、大きなまんじゅうのような顔をぱんぱんにふくらませて、躍りこんできた。

「おい、この新聞、見ろよ！」

手にしていたのは、報知新聞だった。

渥美は、谷とともに、関がしめした記事を見た。

「おい、これは……」

渥美は、関の顔をふりあおいだ。

紙面には、「初めて出た、本格的テレビコント」という見出しが躍っていた。

記事も、三人のコントをほめちぎっている。

「こんなにおもしろいコントを、いままで見たことがない。脱線トリオよりおもしろい。このトリオに期待する」

関が、失敗の夜あれほど渥美をけなしたことを忘れたかのように、ケロリとして言った。

「渥美やんの機転が、よかったんだな」

「なにをぬかしやがんでぇ。あの日は、さんざん、おれのことを、馬鹿呼ばわりしたくせに……」

が、渥美の顔も怒ってはいなかった。三人は、顔を見合わせて笑った。

関が、言った。

「あらためて、頑張ろうぜ」

これまで名づけていなかったトリオの名は、番組名の『ポケットコント』の名前にちなんで、「スリーポケッツ」とした。

スリーポケッツは、好評を博した。日本テレビで昼間に放送している『お笑いアンデパンダン』という三十分番組にも主演することが決まった。

その他にも、それぞれ単独での仕事が入ってきた。

渥美には、三十二年十月から、日本テレビの『OK横町に集まれ』のレギュラーが入った。

この頃、渥美は、谷によく言っていた。

「いいか。自分がだれかの芝居を見て、ああ、これは自分と同じくらいだなと思ったら、その役者の技量は、自分より大分上だよ。ああ、こいつはうまいなと思ったら、はるかに上だぞ。そのことは、肝に銘じておいたほうがいいぞ」

「スリーポケッツ」の人気が高くなったとき、谷幹一は、渥美の母親多津に言った。

「おっかさん、よかったね。おたくの息子が、みんなに笑われる人気者になって。みんな、喜んでくれるよ」

ところが、谷の思ってもいなかった反応が返ってきた。多津が、烈火のごとく怒ったのである。

「無礼なことを言いなさんな。人さまの笑い者になるほど、落ちぶれてはいません」

「えっ⁉」

「仮りにも、私くしは、会津藩士田所三男也重成の子孫ですよ」

谷は、あとで渥美に言った。

「おっかないおふくろだなあ」

「いや、いいんだ、いいんだ」

渥美清は、浅草のストリップ劇場で磨きに磨いた芸の力で、ついには『男はつらいよ』の寅さんとして国民的ヒーローになっていくのである。

なお浅草時代の仲間の関啓六は、『男はつらいよ』に寅さんの相棒としてほとんど出演している。

渥美にとって関や谷は、まったく気のおけない、かけがえのない仲間なのである。なんの遠慮もいらない。自分の裸をさらけ出すことが出来る。関は、渥美がなにを欲しているのかをよくわかっている。話相手でもあり、退屈をまぎらわすのにちょうどいい相手でもある。

関は、『男はつらいよ』で自分の出番がないときでも、渥美についてロケに参加した。

なお『男はつらいよ』は、渥美の生きている限り続いた。シリーズ四十八作を終え、平成八年（一九九六）八月四日、寅さん渥美は、永遠の旅に出かけていった……。享年六十八歳だった。

令和元年十二月二十七日、シリーズ五十周年記念として、寅さんの思い出を綴った『男はつらいよ　お帰り　寅さん』が公開される。

第六章
都はるみ
愛という名の〝業〟

運命の男、中村一好氏との出会い

都はるみは、『アンコ椿は恋の花』、『涙の連絡船』、『北の宿から』などいわゆる「はるみ節」と呼ばれる、うなり声のような力強いこぶし回しや、波打つような深いビブラートが独特で、数多くのヒット曲を生み出していた。

それがある時期から変わっていく。

それは、恋人となる中村一好がディレクターになってからである。その中村一好と都はるみの波乱に満ちた二人三脚ぶりについて描いていく。

昭和五十三年八月、コロムビアの文芸部では、大幅な人事異動がおこなわれた。

コロムビアでは、数年来、金看板である演歌陣の低迷が続いていた。

コロムビアの上層部は、演歌制作を担当している第一文芸部に大鉈《おおなた》をふるうことにした。

その尖兵として、それまで営業しか経験のなかった境弘邦を、第一文芸部主幹として送りこんだ。

境は、演歌陣の低迷の原因を分析した。

〈ディレクターが一人の歌い手をあまりにも長く担当しすぎているからに違いない。担当替えが長くおこなわれてこなかったため、ディレクターと歌手との間にいい意味の緊張感がなくなったのだ〉

境は、改革の第一段階として、第一文芸部で一番若いディレクターである中村一好だけを残し、すべて若手のディレクターに切り替えることにした。

境は、社内から大木舜、清水道夫、谷邦夫といった気鋭の人材を集めた。

若手に切り替えることによって、斬新で新鮮な企画が生まれることを期待した。

境は、都はるみの担当に、中村一好をあてた。

中村の仕事ぶりを見ていて、女性歌手の心情の引き出し方がうまいと判断したからであった。女性の気持ちの変化を先取りして、先手、先手と手を打っていくうまさもあった。

それから間もない夜であった。新しくはるみの担当となった中村一好は、腕時計に目をやり、舌打ちした。

〈いくらスターとはいえ、ちょっと常識が足りないんじゃないか〉

赤坂七丁目の料理屋「綾」の座敷であった。部屋では、一時間も前から、サンミュージックの幹部とコロムビアのスタッフが都はるみの到着を待ち続けていた。

中村が腹を立てたのは、自分が待たされているという理由からではなかった。上座の空席をながめながら、大の男が十人近くも雁首揃えて、たった一人の到着を待っている。

その状況を考えると、なんとも腹だたしくなってくるのだった。

中村は、はるみの担当を命じられたときに、正直なところ気乗りがしなかった。

はるみは、美空ひばり、島倉千代子とともにコロムビアのビッグスリーの一人である。

扱いは、他の歌手と完全に別格である。そのはるみを担当できることは、ディレクターにとって名誉なことといえた。しかし、大物相手ゆえに、めんどうな気配りも必要になってくる。

美空ひばりがコロムビアに顔を出すときは、玄関に赤絨毯を敷き、社長以下全幹部が並んで出迎える。

中村の目から見ると、大物歌手に対するそのような大仰な配慮は、奇異なものとしか感じられなかった。

中村は、思い続けてきた。

〈大物歌手には、先輩ディレクターたちがさんざん関わっている。おれは、そういう歌手には関わらずに、なるべく真っさらな新人歌手を担当していきたい〉

その中村にとって、大の男たちが雁首ならべてはるみの到着を待っている姿は、まさに自分が忌み嫌っていた状況にほかならない。

はるみが部屋に飛びこんできたのは、それから十数分後のことであった。

はるみが落ち着くのを待って、新スタッフの紹介がおこなわれた。

中村の番になった。紹介を受けて挨拶をした。

「中村です。よろしくお願いします」

「あっ、そう。どうも、よろしく」

はるみの返事は、まるで中村を無視でもするようなあっけないものであった。

かといって、中村は、そういうはるみの態度に腹は立たなかった。一ディレクターの中村にとって、はるみは、やはり雲の上の存在である。

東大を出てヤクザな職業に

中村は、昭和二十二年六月三十日生まれで、二十三年生まれのはるみと、一歳違いであった。二人とも、いわゆる〝団塊の世代〟に属していた。

中村は、小学生の頃から、歌謡曲に魅かれた。

両親は、炭鉱で働く肉体労働者であった。二人が炭鉱住宅に帰ってくるのは、夜遅い。

食事の支度は、中村の仕事であった。食事の支度をしながら、ラジオに耳を傾けた。

三橋美智也や春日八郎の歌が、特に好きだった。

昭和三十五年四月、中村は、中学生になった。ちょうどこの月に、西田佐知子が歌う「アカシアの雨がやむとき」が発売になった。西田の歌を聴くと、彼女に入れこむようになった。ラジオから彼女の歌が流れてくると、勉強の手を休めた。初めて買ったレコードも、彼女のレコードだった。金がなかったので、安いソノシートを買った。

彼女の持つ都会的なニヒルさと、洗練された雰囲気は、地方の一中学生にとって狂おしいほどの憧れであった。

三十八年四月、中村は、山口県立宇部高校に入学した。

舟木一夫、橋幸夫、西郷輝彦、三田明らの青春歌謡が全盛の頃である。

中村は、男性歌手では、舟木のファンになった。

高校二年のとき、テレビやラジオで、はるみの歌う『アンコ椿は恋の花』を聴いた。

〈なんとも、すげえ声をしてるなあ〉

なにより、その声量に驚いた。が、彼の好みではなかった。はるみが、西田佐知子と対照的な位置にいるように思われた。

高校時代の中村は、歌謡曲だけでなく、歴史にも興味を抱いた。

山口県からは、吉田松陰、高杉晋作はじめ多くの明治維新の英傑が輩出している。彼らの伝記などもよく読んだ。

中村が特に好きだったのは、久坂玄瑞であった。

久坂は、高杉晋作、入江杉蔵とともに松下村塾の三高弟と呼ばれた。高杉を才気や機知の人物とすれば、久坂は豊かな識見と包容力にあふれた人物と対比されている。久坂は、松陰の刑死後、尊皇攘夷の急進論者となった。皇威回復に身を挺するをもって自分の使命とした。

二十五歳のとき、禁門の変の戦いに敗れ、自刃した。志なかばにしての夭折だった。

中村は、久坂の激しい生き方に、心魅かれた。

昭和四十一年、高校を卒業すると、歴史学者を志して、東京大学文科三類に入学した。

大学二年になった四十二年十月八日、佐藤栄作首相の第二次東南アジア・オセアニア諸国訪問に反対する三派系全学連のデモと警官隊が羽田で衝突した。

この事件で、京大生山崎博昭が警備車にひかれて即死したほか、数百人が重軽傷を負った。いわゆる第一次羽田事件である。

この事件をきっかけに、中村は、積極的に学生運動に参加していった。

十一月十二日には、首相訪米阻止の第二次羽田事件。

翌四十三年一月には、佐世保エンタープライズ闘争があり、三月二十八日には東大安田講堂が占拠される。

中村は、反日共の立場で活動を続けた。

その過程で、大学のアカデミズムの官僚性を、いやというほど見せつけられた。大学に残り歴史学者になる、という夢はさめていった。

東大六年目の昭和四十六年夏、就職相談課の「コロムビアレコードディレクター要員募集」という貼り紙を見て、コロムビアを受けることにした。

とっさに思った。

〈ヤクザな職業だな〉

ちょうどこの頃、コロムビアレコードの伝説のディレクター〝演歌の竜〟こと馬渕玄三をモデルにした五木寛之原作のテレビドラマ『涙の河をふり返れ——艶歌より』が流行っていた。

〈これなら、普通のサラリーマンと違う。音楽は分からないが、歌謡曲の知識はある。なんとかディレクターという言葉に、時間や組織に束縛されない自由な仕事というイメージを抱いた。かといって、音楽的な専門知識があるわけでもなかった。楽器のひとつも、弾けなかった。が、歌謡曲の知識だけは豊富であった。少年時代から耳にしてきたほとんどの歌謡曲の歌詞とメロディーが、頭の中に入っていた。記憶しようとして、覚えたのではなかった。いつのまにか、頭の中に流行歌が染みこんでいた。

入社試験では、学生時代の行動を細かく訊かれた。正直に答えた。

他の受験者たちは、学生時代に音楽活動をしていた者がほとんどであった。中村は、考えが甘かったな、と思い、合格を諦めた。

ところが、なぜか採用通知がきた。四十七年春、中村は、日本コロムビアに入社した。

四カ月の研修が終わったあと、中村は、洋楽部に配属された。仕事は、クラシックのレコードの解説を、音楽評論家に依頼したり、その原稿のレイアウトや校正をすることであった。

中村は、クラシックや洋楽には興味がなかった。クサってしまった。が、すぐに思い直した。

〈これをいい機会に、徹底的に洋楽を勉強してみよう〉

中村は、昭和四十八年三月に第一文芸部に移った。

コロムビアに入社後、中村がはるみと初めて会ったのは、昭和五十一年の暮れのことであった。

中村は当時、ちあきなおみを担当し「矢切の渡し」などを作ったあと、内藤やす子と新沼謙治の担当ディレクターに替わっていた。

この年のコロムビアからは、都はるみ、内藤やす子、新沼謙治が、年末の賞レースに参加していた。はるみは、『北の宿から』で各音楽賞の大賞をねらっていた。『想い出ぽろぽろ』を歌う内藤やす子と、『嫁に来ないか』を歌う新沼謙治は、新人賞争いでしのぎをけずっていた。

中村は、内藤や新沼を訪ねて、賞レースの現場に顔を出した。当然その現場に、はるみもいた。中村がはるみと会うのは、それ以来のことであった。

はるみは、コロムビア側のスタッフが新しく替わったことに対して、特別に気にとめることはなかった。

コロムビア側のスタッフが替わることはこれが初めてのことではなかった。だれに替わっても、つねに最高の水準を保った仕事をしてくれるという信頼があった。

また、時代は、ますますプロダクション側の力が増大してきていた。プロモーションにしても、レコード制作にしても、サンミュージック側のスタッフさえがっちり固めておけば、心配ないという気持ちもあった。

はるみが新ディレクターである中村を気にとめなかったのも、そこに理由があった。

中村は、さっそくはるみの新曲づくりにとりかかった。

はるみは、『北の宿から』以来、ヒット曲が出ていない。新しい方向を探る前に、まず一度原点にもどして考えてみる。それから、方向を見定めるつもりであった。

中村の考える原点は、『涙の連絡船』であった。作曲を、『涙の連絡船』の市川昭介に依頼することに決めた。市川は、当時クラウンの専属を離れ、フリーになって間もなかった。

詞は、中村がコロムビア入社当時から親しくつきあっていた吉岡治に依頼することにした。

『さよなら海峡』が作られた。

『さよなら海峡』は、五十四年八月に発売された。中村は、秋になっても売れ行きが芳しくないと分かると、深く考えはじめた。

〈『涙の連絡船』は、結局、一曲だけでいいということなんだ……〉

だれも同じような曲を、二曲も欲してはいない。過去の二番煎じをやっても、結局、売れない。やはり、現代を歌わない限り、流行歌は売れないのだ。

中村は、模索し続けた。

〈うなって、泣いて、という叫んでいる歌だから、時代に合わないいんだな……〉

肌にベタッとまとわりついてくるような歌は、時代が望んでいないのだ。時代の雰囲気みたいなものを出すためには、やはり軽くいかなければいけない。

中村は決めた。

〈よし、思いきり、反対にブレてみよう！〉

「大阪しぐれ」ではるみを復活させる

『大阪しぐれ』は、昭和五十五年二月一日に発売された。

中村は、はるみがテレビに出演するたびに、テレビ局のスタジナに顔を出した。放っておくと、はるみの歌い方が、昔の歌い方にもどってしまう。レコードの歌い方と違ってしまう。そばにいて、きびしくチェックする必要があった。

はるみは、テレビ局に行くたびに必ず現れる中村に、初めのうちは、うんざりした。いちいち細かく注意をされることが、わずらわしくてたまらない。

レコード会社のディレクターは、レコーディングが終われば、あとは歌手に歌い方をまかせてしまうのが普通であった。そこまでやるレコード会社のディレクターは、自分の経験からしても、まわりの歌手を見ても、初めてのことだった。

はるみには、不思議ですらあった。

〈いったい、この人、なんなの？〉

「大阪しぐれ」は、春から夏にかけて、ジワジワと売り上げがのびていった。はるみも、歌が、しだいに好きになっていった。

〈私がやりたいと思っていた歌い方って、もしかしたら、この歌い方だったのかもしれない〉

そう思いはじめるにつれ、うるさいと思っていた中村のアドバイスが、素直に聞けるようになっていった。

〈歌が売れなかった場合、歌手に責任をおしつけるディレクターが多い。でも、この人は、最後まで自分の責任として歌に関わっている〉

『大阪しぐれ』は、十月二十八日、「日本作詞大賞」のグランプリをとった。作詞家の吉岡治にも中村にも、思いがけないことであった。

その翌日から、売れゆきに一気に火が点いた。一日に一万枚を超える注文が、コロムビアに殺到した。

この年、はるみとスタッフは、レコード大賞の最優秀歌唱賞をとることをテーマにしていた。はるみは、レコードの売り上げ状況を知るにつけ、なんとしても『大阪しぐれ』で賞をとる気になった。

ところが、そこに強力なライバルが登場した。北島三郎であった。

北島は、名曲『風雪流れ旅』を九月十五日に発売すると、早々と「レコード大賞歌唱賞」のレースに名乗りをあげた。七月二十九日には、第一回古賀政男記念音楽大賞プロ部門大賞も受賞していた。

はるみも、死に物狂いで戦った。スタッフから「レコードが売れないと、歌唱賞はとれないよ」と言われると、みずから進んでレコード店の店頭に立った。ショッピングセンターで、サイン即売会もやった。

地方公演に行くと、公演の後は必ず会場の玄関に立ち、即売に立ち会った。

秋から十二月に入ると、各音楽賞の発表が次々とおこなわれた。

十一月の「日本歌謡大賞」では、『雨の慕情』を歌った八代亜紀が、大賞を受賞した。

十二月の「ＦＮＳ音楽祭」では、『ふたりの夜明け』を歌った五木ひろしが、グランプリを受賞した。

はるみは、苦杯をなめ続けた。

〈なぜ？　私のどこが、劣っているというの？〉

「大阪しぐれ」は、すでに百万枚を突破していた。レコード枚数では、八代亜紀の『雨の慕情』、五木ひろしの『ふたりの夜明け』にも負けていなかった。

が、『大阪しぐれ』は、詞も曲も地味な歌である。大向こうをうならせるような歌ではない。それが、不利に働いていた。

〈悔しい！　けど、本当の勝負は十二月三十一日だわ。絶対に最優秀歌唱賞をとってみせる！歌手にとって、歌唱力を讃えられる、もっとも名誉な賞なんだもの……〉

はるみは、五十キロあった体重が四十六キロまで減った。顔には、吹き出物ができた。

あまりにカリカリしているはるみを見て、母親の松代がたしなめた。

「おまえは、いままでたくさんの賞をもらってきたやろ。なにも、一人でそんなに賞をとらなくたって、いいやないか」

「おかあちゃん、それは違う。やるときにはやらにゃ、あかん。とれるときには、はるみは、とらな、あかんのや」

十二月三十一日。「日本レコード大賞」の会場である帝国劇場の客席に、はるみは、不安な気持ちで座っていた。

はるみは、隣りの西潟昌平マネジャーに言った。

「大丈夫だろうね。ここに座っていて、恥かかないやろうね」

「やることはやりましたから、あとは、運を天にまかせるしかないですよ」

この日、はるみは、朝から機嫌が悪かった。

早朝、レコード大賞実行委員会の委員から、相沢秀禎サンミュージック社長に電話が入った。

「今日の最優秀歌唱賞は、二人の受賞になるかもしれない」

都はるみの『大阪しぐれ』と北島三郎の『風雪流れ旅』。甲乙つけがたい二人に悩み、実行委員長が折衷案を出してきたのだった。

はるみにも、その話が伝わった。

が、はるみは突っぱねた。

「冗談じゃないわ！　それなら、私、レコード大賞には出ない。なんのために、一年間、頑張ってきたのよ」

はるみは、勝負をいいかげんな形でつけてもらいたくなかった。最後まで、正々堂堂と戦いぬきたかった。

はるみは、マネジャーに説得され、レコード大賞の受賞式に参加した。

ライバルの北島は、帝国劇場の客席にはいなかった。

帝国劇場の脇にとめた車のなかで、三味線の弾き手とともに待機していたのである。最優秀歌唱賞が自分に決まったら、すぐに舞台に立てる手はずになっていた。

「最優秀歌唱賞」が、発表された。はるみであった。はるみは、人目もはばからずに、号泣した。

〈やった！　やったんや！　勝負は、勝たなきゃいかんのや……〉

新人賞、大賞、最優秀歌唱賞と、史上初のレコード大賞三冠王の達成であった。

『大阪しぐれ』の大ヒットは、はるみばかりではなく、ディレクターの中村や作詞家の吉岡にとっても、大きな意味があった。

中村は、自分がディレクターとして、何を信じて『大阪しぐれ』の制作に関わったか、もう一度自分に問い返してみた。

〈おれは、自分の感性に忠実だっただけだ。自分で聴いてみて、自分で歌ってみた。そして、自分が気分のいい部分だけを信じて、作った。ディレクターとしての仕事の範囲で、それだけは妥協しなかった。おそらく、それがよかったのかもしれない〉

中村は、ディレクターとして、ひとつ自信を深めた。

はるみの離婚

はるみは、中村との出会いによって、積極的に歌づくりに関わる喜びをおぼえていった。

昭和五十六年九月発売のアルバム「なさけ川」の制作では、コンセプトづくりから関わった。本を読み話を聞き、時代と歌との関わりについて考えた。

中村に連れられ新宿のスナック「萌木」に行くと、常連の作詞家や作曲家たちと朝まで音楽論や歌謡論を闘わした。

酒場から、そのまま仕事場に、直行することもあった。はるみは、あらためて歌手という仕事に目ざめていった。

はるみが仕事にのめりこんでいく理由の裏には、夫の朝月広臣との冷めつつある関係もあった。

五十五年の『大阪しぐれ』の頃から、はるみは、仕事に追われるようになった。それにつれ、朝月は銀座のクラブ通いをはじめた。一着三十万円もする背広を、何着もつくるようになった。

朝月は、そのうち突拍子もない計画を打ち明けた。

「おれが経営する写植会社は、人に譲ることにした。これから、銀座でオーダー・メイドの洋服屋をはじめる。洋服屋は、儲かるそうだ」

はるみは、猛反対した。

「うまくいっている会社を、なぜ人に譲る必要があるの？　あなたに、洋服が縫えるの？　ズブの素人でしょう。とてもオーダー・メイドの洋服屋さんは無理よ！」

はるみは、目をさまさせるかのように、朝月の頬を叩きながら反対し続けた。

「素人商売なんて、うまくいくはずがないじゃないの！　ヒロちゃんは、人がいいからだまされてるのよ！」

ある夜、夫婦喧嘩をして、はるみは、朝月の背広を風呂の水の中に投げこんだ。我に返ると、風呂の中から背広を取りだし、アイロンをかけた。

悔しさと情けなさで、涙があふれ出た。

五十六年五月、朝月は、はるみの反対を押しきって銀座七丁目に洋服店「クチュール・サー」を開業した。

ところが、はるみが予想したとおり、洋服店の経営はうまくいかなかった。

はるみは、仕事と結婚生活の間に、ますますギャップを感じていった。

仕事場には、自分を新しいものに駆りたてる刺激があった。いっぽう、家に帰ると、二人の生活には、何も進歩が感じられない。

朝月と一緒に人生を伴走していたつもりであった。ところが、気がついてみると、彼は昔の場所からいっこうに動かず、自分だけが先を走っていたのだ。

〈広臣さんと一緒で楽しかったのは、ずいぶんと前のような気がする。結婚前のおつき合いの頃が、いちばん楽しかったのかもしれない〉

子供がいたら、二人の関係はもっと違ったのかもしれない。そうも考えた。

結婚前は、朝月との子供が欲しいと願った。が、若すぎた。結婚当初は、『北の宿から』のヒットで忙しく、子供をつくる余裕もなかった。

が、いまは、朝月の子供を産みたいという気持ちも、なくなってしまっていた。

〈私の生き方は、これでいいのかしら。もっと、違う生き方があるんじゃないのかしら〉

はるみは、悩んだすえ、結論を出した。

離婚が決まった五十七年二月二十二日は、奇しくも、はるみの三十四回目の誕生日であった。

離婚問題に区切りをつけたはるみは、狂おしいほど仕事にのめりこんでいった。

芸能マスコミに衝撃、〝はるみの不倫愛〟

仕事が終わると、新宿のスナック「萌木」に向かった。

そこには、中村ディレクターたちが待っている。気の合う仲間たちと、歌談義をするのが楽しかった。

はるみは、いつしか中村に、尊敬の念だけでなく、愛情を感じるようになっていた。

離婚から五カ月になろうとする七月半ばのことであった。

芸能マスコミに、突如〝はるみが不倫の愛〟という情報が流れた。

「都はるみに新しい恋。相手は、担当ディレクターの妻子ある男性」

という内容であった。

根拠は、「萌木」で二人がよく酒を飲んでいる、はるみのマンションの前で二人を見かけた、
というものであった。

はるみは、七月十五日、コロムビアで緊急記者会見を開き、噂を否定した。が、この〝不倫報道〟は、お互いに相手をより強く意識させるものになった。

昭和五十七年九月、都はるみは、新宿コマ劇場で特別公演をおこなった。

公演中のある夜、はるみは、共演の出光元に誘われた。

「新宿区役所のそばに、おれの知っている店があるんだけど、飲みにいかない？　作曲家の岡千秋さんが、弾き語りをやってる店なんだ」

はるみは、楽屋見舞いに来ていた中村一好も誘い「鍛冶」というパブに案内された。

岡が、いた。

はるみは思った。

〈岡さんの作品のイメージとぴったりだわ。いかにも泥臭くて、人情もろそうな人だわ〉

はるみは、岡とは初めてであった。が、ぴんから兄弟の『湯の町ブルース』や、西川峰子の『初めてのひと』の作曲者であることは知っていた。

しばらくして、岡の弾き語りが始まった。

五木ひろしの『ふたりの夜明け』であった。

そのとたん、はるみは、背筋がゾクゾクとした。

はるみは、隣りの中村の腕を摑んだ。興奮しながら言った。

「なんて凄い迫力なの！　低音で、ドスがきいていて、アクが強い。でも、なんとも言えない色気があるね。私、この声と一緒に歌ってみたい」

中村は、以前に岡の歌を聴いたことがあった。が、はるみのようには、驚かなかった。ぴんから兄弟の宮史郎の声と似ているな、と思っただけであった。

しかし、中村にとって、はるみのひと言がヒントになった。

〈はるみと岡ちゃんの声を組み合わせたら、おもしろいものができそうだ。いっそ、デュエットソングのアルバムを作ったらどうだろうか。それぞれパートナーをかえて、はるみがデュエットするんだ〉

中村は、さっそく「都はるみと十一人の男たち」というアルバムを企画した。カラオケマーケットの中で、きっとデュエットブームがくるはずだ、という読みもあった。さらに、宣伝をかねて、一般から二名のパートナーを公募することにした。

五十八年一月中旬、はるみは、スタッフとともに新アルバム「都はるみと十一人の男たち」の宣伝のため、各新聞社をまわった。パートナー公募と新アルバムの記事を書いてもらう目的であった。

が、取材が一段落すると、どの記者も、中村との噂を訊いてきた。

はるみは、笑いながら、噂を否定した。が、心の中では、親しい記者たちに嘘をつくことがつらくてたまらなかった。

〈中村さんの奥さんには、迷惑をかけるかもしれない。でも、ごまかしてコソコソするのは、私の性分やない〉

はるみは、自分の中村に対する気持ちを、正々堂々とありのままに公表することにした。

前もって、中村に確認した。

「中村さんのこと、好き、って言っちゃうけど、いい？」

中村は答えた。

「いつかは、なんらかの形で分かってしまうだろう。きみがそれでいいなら、いいよ」

中村の言葉が、はるみの胸の底まで沁みた。

昭和五十八年三月十八日、はるみは、中村との恋愛問題を相談するために、親しいスポーツ新聞記者に電話した。

「相談したいことがあるんです。会っていただけませんか」

はるみは、電話ではそれしか言わなかった。

記者は、はるみのスケジュールと事情の確認のためにサンミュージックの親しいマネジャーに電話を入れた。

サンミュージックは、大騒ぎになった。事情が掴みきれなかったが、一社の独占になるおそれがあった。

その騒ぎが、あっというまにマスコミ各社に伝わった。

はるみがレコーディングで入っていた新宿大久保二丁目の「フリーダムスタジオ」には、各社の記者が殺到した。

騒ぎを聞きつけたコロムビアの境弘邦第一制作部長は、慌てて現場に駆けつけた。

記者たちは、はるみへのインタビューを求めてスタジオの中まで入りこんでいた。

このような状態では、レコーディングを続けることは無理である。

境部長は、記者たちと激しくやりあった。

取材は拒否した。しかし、記者たちは帰らない。次から次へと取材記者の数が増え、混乱は大きくなっていくばかりだ。

境部長は会社に独断で、はるみのインタビューを決行することにした。

スタジオに椅子を持ち込み、そこを記者会見の場にした。

記者会見が、はじまった。

はるみは、目をうるませながら胸の内を告白した。

「中村さんには奥さんも子供もいますが、この人しかいないと思うようになりました。奥さんと別れてくれとは言いませんが、こうなったことに、すごく責任を感じています。好きになった以上、嘘をつくのがいやなんです」

記者たちの質問は、容赦なかった。

中村の妻に対する気持ちにも質問が飛んだ。

はるみは、何かをこらえるような表情で答えた。

「奥さんは、私よりもっとつらいと思います。でも、人に訊かれて答えられなかった中村さんのことを、早くきちんと言っておきたかったたんです……」

境部長と中村は、スタジオとガラスで仕切られている隣りの副調整室から、はるみのインタビューの模様を見守っていた。

境部長は、はるみの姿を見ていられなかった。

〈あまりにも、かわいそうじゃないか〉

はるみは、何度も質問に立ち往生している。そのうち、境部長の頭には、疑問が浮かんだ。

〈待てよ。これは、まるではるみだけが責任を一身にかぶっているんじゃないか。男と女の関係というのは、どちらか一方だけに責任があるというのではないはずだ〉

そのときであった、そばにいた中村が、境部長に申し出た。

「境さん、おれを出させてください」

境は、言った。

「そうだな。このままここにいたら男じゃないな。矢面に立って、素直に自分の気持ちを語ってこい。あとは、おれが責任を持つ」

中村は、スタジオの中に入って行った。

はるみの隣りに座った。

フラッシュが、激しくたかれた。

二人がならんだ写真をコロムビアが撮らせたのは、この日が初めてであった。

五十八年五月二十一日、岡千秋とのデュエット『浪花恋しぐれ』が発売になった。新アルバムからのシングルカットであった。

はるみは、なんとしても、この歌だけは大ヒットにしたかった。

〈中村さんのことでサンミュージックやコロムビアに大きな迷惑をかけた。その分、仕事で取り返すしかない〉

はるみには、不安もあった。中村の妻に迷惑をかけていることで、世間が「おまえの歌なんか聴きたくない」と、自分を許さないかもしれない。

が、その不安な気持ち以上に、「浪花恋しぐれ」の出来には自信があった。

はたして『浪花恋しぐれ』は、はるみや中村の思惑どおり、発売以来猛スピードで大ヒットし、ヒットチャートを駆けのぼった。十二月には、東京と大阪の両有線大賞のグランプリを獲得した。レコードの売れゆきも、百万枚を超えた。はるみにとって、六作目のミリオンセラーであった。

はるみは嬉しかった。

〈これで、中村さんとのことで、サンミュージックやコロムビアにかけた迷惑が、少しはとりもどせた……〉

はるみは、美空ひばりの歌う姿を見るたびに、いつも思ってきた。

〈ひばりさんは、一生歌い続ける人や。でも、私は、違う。いつかは、歌手をやめるときがくる〉

流行歌手であるならば、最高の花の時期にやめたい。いまが、花なんだ、自分は流行歌手なんだ、そう思えるときに歌手をやめたい。

それが、はるみが考えてきた引退の時期であった。

そしていま、はるみには、それに加えてもうひとつの引退を考える理由があった。

〈愛する人の子供が欲しい〉

心の奥に、せつない女の気持ちが芽生えていた。

はるみは、『浪花恋しぐれ』を歌っている頃から、ひそかに病院に通っていた。子宮に、筋腫ができていた。

医者は、宣言した。

「いまのままの生活を続けていたら、子供は諦めるしかありませんね」

中村の子供を産めるかどうかは、分からないことであった。が、わずかの望みに賭けたかった。

電撃引退発表の影で

はるみは、昭和五十九年に入って間もなく、中村に引退の決意を打ち明けた。

中村は、驚きはしなかった。はるみの告白に、ひと言で答えた。

「分かった」

中村には、ディレクターとして、自分なりの自信があった。

〈「やれ」と言われれば、あと五年は、第一線流行歌手としての彼女のステータスを維持させてみせる〉

が、その自信のいっぽうに、予見からくるひとつの思いもあった。

〈レコード産業は、これから先、冬の時代に入っていくだろう〉

はるみは、『大阪しぐれ』以来、つぎつぎとヒットを飛ばしていた。いままさに流行歌手の頂点にいる。花の盛りでやめたい、というはるみの考えは、だれよりも理解できた。

〝咲いてこそ花よ〟は、彼の持論でもあった。

そしてなにより、はるみの女としての幸せになりたい、という激しい気持ちも分かっていた。

翌日、はるみはサンミュージックの相沢秀禎社長にも引退の決意を打ち明けた。

相沢は、あまりに突然のことに言葉が出なかった。はるみが一度決めたら、決して止められない火のように激しい性格であることは分かっていた。

相沢は、はるみの引退を認めざるをえなかったものの、自分に言いきかせた。

〈おれは、絶対に引退と思わない。これは休業なんだ〉

そう自分に言いきかせなければ、寂しくてしょうがなかった。

はるみの電撃的な引退発表は、三月五日午後五時、新宿コマ特別公演の休演日をねらって、コロムビアのロビーでおこなわれた。はるみは、二百人を超す大報道陣の前で、淡々と決意を語った。

「いつも突然のことで、すみません。二十年間、目いっぱいやってきましたが、これからは一人の人間としての生き方を考えていきたいと思います。とにかく、北村春美という一人の女にもどりたいんです。昔にはやったような言葉で申し訳ないんですが、普通のおばさんにもどりたいと思っています」

作詞家の星野哲郎にも、はるみ引退の報はすぐに伝わった。彼は、思った。

〈はるみは、女として最後の賭けに出たに違いない。いままで貯めてきたチップを、ひとつ残らず、すべて、愛に賭けたんだ。たいした度胸じゃないか。拍手ものじゃないか〉

作詞家の吉岡治も、同じような感想をもった。

〈はるみは、歌という自分の一番大事なものを捨てることによって、免罪符を手に入れようとしたに違いない。中村一好の妻子に対する免罪符を……〉

引退発表では、はるみの最後の舞台がＮＨＫの「紅白歌合戦」になることも発表された。中村やスタッフの間には、意志統一ができていた。

「都はるみが流行歌手として散るためには、国民の八割が注視する紅白こそが、彼女の臨終の場にならなければならない。しかも、行く年に別れをつげる『蛍の光』は、都はるみ葬送の響きをもたねばならない。それがおれたちの美学だ」

はるみの引退記念の曲、『夫婦坂』の詞は、星野哲郎に、曲は市川昭介に発注された。二人は、はるみの最初のヒット曲『アンコ椿は恋の花』のコンビであった。はるみの歌手生活のしめくくりをかざるにふさわしいコンビであった。

星野は、はるみと中村とのこれからの愛の人生を重ねあわせて詞を書いた。

市川は、曲を渡すとき、はるみに念をおした。

「おまえの引退記念の歌じゃないよ。これは、ファンのみなさんへの歌だよ。心の温もりを感じる、温かい歌を作ったんだから」

はるみは、頷いた。

『夫婦坂』は、五十九年十月二十一日に発売されると同時に、中村の予想以上のスピードで、ヒット・チャートを上昇していった。

昭和五十九年十二月三十一日、はるみは「紅白歌合戦」の舞台に立った。スタッフの願いどおりに、トリを飾ることができた。

はるみは、歌手生活最後の歌を、心をこめて歌った。

歌い終わってからも、はるみは顔を上げることができなかった。

中村は、これまでに境に対して二度辞表を提出したことがあった。一度目は、週刊誌にはるみとの噂を書きたてられたとき。二度目は、はるみの引退が決まったときであった。

境部長は、そのたびに辞表を預かった。コロムビアには、どうしても必要な人材だと思ったからである。

しかし、ここにきて、中村は全員の前で「はるみを幸せにしてみせる」と宣言した。

境は、マイクを置いて席にもどる中村を見ながら、心の中でつぶやいた。

〈次に辞表を提出してくるときは、都はるみのために勝負を賭けるときに違いない。それを止め

ることは、もはやできはしまい〉

昭和六十年一月一日。はるみは北村春美にもどり、新たな人生のスタートを切った。

女と男を越えた仲に

引退から一年数カ月たった昭和六十一年の春のある夜、中村が、はるみのあとに担当している石川さゆりの新曲のデモテープを持って帰った。

「もうこれは、〝都はるみ〟じゃないからな」

そう言って、中村は、テープをカセットデッキにかけた。

中村は、石川さゆりを担当したばかりの頃、『春の雪』『波止場しぐれ』などの作品を作った。それらは、石川と話しあったうえで、はるみでやってきたメロディーの作り、歌唱、サウンドなどをそのまま踏襲した。だから、それらの作品を聴いた人たちは、みんな一様に驚きの声をあげた。

「なんだ、これは。まるで〝都はるみ〟じゃないか」

はるみも、それらの作品を聴いたときに思った。

〈これらは、すでに私がやってしまった世界だわ〉

今回、石川さゆりの新曲として中村のかけたテープには、作曲者の弦哲也が歌う『天城越え』という曲が入っていた。

はるみは、テープを聴き終えると言った。

「一好さん、これは凄い歌だわ。『紅白歌合戦』のトリをとるために、作ったんでしょう」

「そうだ」

はるみは、中村の自信満々の返事を聞くと、血が熱くなった。

〈この歌は、私のテリトリーにはなかった歌だわ。そうか、この手があったんだわ〉

はるみは、つくづく思った。

〈私は、歌手をやめたはずなのに、なんで「この手があったのか」なんて思うのかしら〉

はるみには、歌手に復帰するつもりなど毛頭なかった。それなのに、自分でも不思議な気持ちの揺らぎであった。もしかしたら、それは意識の奥底でかすかに揺らぐ、残り火の微熱だったのかもしれない。

はるみは、じつは、切ないほどの望みであった中村の子供を産むことを諦めていた。子宮の筋腫は、『浪花恋しぐれ』当時より大きくなっていた。肉体的に子供をつくることを、諦めるしかなかった。年齢も、三十九歳になろうとしていた。

たとえ肉体が許したとしても、もし自分が子供を産んだら、生まれてくる子供ばかりでなく、周囲の多くの人を不幸にするに違いない。そういうことまで考えるようになっていた。

気持ちの切り替えの早いはるみであったが、今度だけは、そうできなかった。つらかった。苦しかった。

中村は、はるみが子供を諦めたときから、戦略を変えた。

〈目標を失ったはるみに、生きる目的を与えてやりたい。彼女には、歌しかないだろう。彼女ほ

ど、歌の好きな人間はいないんだ〉

それは、はるみの意思ではなかった。中村は、その気持ちを自分の胸だけにしまいこんだ。

中村は、はるみの引退理由は、ある意味で自分と彼女のわがままであった、という負い目があった。それゆえ、もしはるみが復帰する意思をみせたときには、やめたときの昭和五十九年のピークの高さにもどして、その高さから復帰のスタートを切らせなければいけないと考えた。

そうしなければ、はるみをスターの位置にまで育てあげた恩師の市川昭介に申し訳ない。母親をはじめ、はるみのために苦労した多くの人々にも、申し訳ない。

かといって、戦略的に一気に五十九年の位置にもどすことは不可能である。一段ずつ段階を踏んでいかなければいけない。

第一段階として、音楽プロデューサーとして芸能界への復帰を果たすことからはじめることにした。

が、中村は、ひとつだけ自分に言いきかせた。

〈しかし、最後は、彼女自身の人生だ。はるみが音楽プロデューサーで終わりたいと考えたときには、それはそれでよしである。また一介のおばさんにもどる道を選びたいと言ったときには、それもよしだ。ただ、復帰の道を選んだときに、いつでも彼女がその道を進める状態にしておくのが、おれのつとめだ。はるみが復帰を自覚したときに、それまでの歩みが無駄にならないようにしなければいけない〉

はるみは、愛する男の子供を産むことを諦めたときから、残りの人生を、仕事に賭ける決意をした。

昭和六十二年六月二十六日、はるみは、コロムビアのロビーで記者会見をおこなった。

音楽プロデューサーとして、歌謡界の仕事にたずさわっていくことを発表した。

さらに、その企画の第一弾として、みずから全国を歩きまわり、新人歌手を発掘するということも発表された。

はるみは、六十二年八月の第一次審査から十一月の最終決定まで、オーディションの陣頭指揮をとった。

はるみが選んだのは、佐賀県代表の十七歳の少女であった。芸名は、大和さくらとつけられた。

はるみは、大和さくらを、翌六十三年五月に、コロムビアからデビューさせた。大和さくらは、この年の暮れ、浪曲入りの『王将一代小春しぐれ』で、各音楽賞の新人賞を獲得した。

平成元年三月、中村一好は、日本コロムビアを辞めることを決心した。

四月一日、はるみと中村は、新宿一丁目に新しく事務所「プロデュースハウス都」を設立した。

新曲のタイトルは『千年の古都』と決めた。

もうひとつの新曲『小樽運河』は、第二の恋愛をテーマとした。

主人公は、四十二、三歳の男と女である。子供も大きくなり、生活の余裕もできた。人生の先も、ある程度見えてきた。そういう中で、二人の根底に、さてこれからどうやって生きていこうか、という気持ちがある。

二人は、「男」と「女」を抜きにしたところで話し合える年代にもなっている。

そういう二人が、共通の友人の葬式の場で出会う。

〈もしかしたら、私は、あなたのことが好きだったのかもしれない〉

〈ぼくも、きみのことが好きだったのかもしれない〉

二人は、たがいに、そう思う。

吉岡は、はるみと中村との打ち合わせで、団塊の世代の男と女をテーマに、過去ある二人が共通の友人の葬儀の場で会うという設定にした。

そのときはるみは、四十二歳である。中村も、四十二歳である。お互いに団塊の世代である。

四十代に似合う風景や心象の歌もあっていいのではないか、という発想は、二人に共通していた。

コロムビアは、五月十七日、CDシングルとシングルカセット合計十五万枚を六月二十七日に発売することを発表した。初回出荷に十五万枚という枚数は異例のことであった。

はるみは、平成二年五月二十八日、赤坂の日本コロムビア第一スタジオで、復帰第一作のレコーディングをおこなった。

はるみは、レコーディングを無事終えると、その場で記者会見をおこなった。

はるみは最後に、今後の活動姿勢について、力強く語った。

「復帰してよかった、という気持ちではなく、いままで以上に何かやっている、という実感があります。今後は、あまり理屈っぽくならないように注意し、ひとつひとつ考えながらやっていきたいと思ってます」

平成二年十一月十一日、はるみは、新曲『愛は花、君はその種子』を吹きこんだ。平成三年夏公開のアニメ映画「おもひでぽろぽろ」の主題歌であった。

続いて年明けの平成三年二月二十一日、はるみは、この年最初のシングルとして阿木燿子作詞、宇崎竜童作曲の『ＢＩＲＴＨＤＡＹ』を発売した。

平成三年、都はるみは、精力的に歌手活動をこなしていた。百回を超える全国公演が予定に組まれていた。

都はるみは、平成十年一月三十日から二月二十六日までの二十八日間、大阪「松竹座」でロングコンサートを開いた。

このコンサートの構成・演出を受け持ったプロデューサーの中村一好は、今回のコンサートに賭ける都はるみの静かな自信に満ちた気持ちを代弁するかのように、さりげなくメッセージをチラシにくるんでファンに送った。

「『大阪しぐれ』『ふたりの大阪』『浪花恋しぐれ』『道頓堀川』『王将一代小春しぐれ』。考えてみると、都はるみほど大阪の街と人情を歌い、また大阪人に愛された歌い手は、後にも先にも類例がないように思えます。〈構成・演出〉としては今回は何もしないのが最高の〈構成・演出〉だと考えています」

都はるみ、歌手生活三十四年目にして初めての大阪長期公演であった。

歌手復帰以来、「歌屋」を自称してきた。つねに新しい領域に分け入り、歌一本での活動にこだわってきた。

今回、はるみが新しく分け入ったのは、歌人の道浦母都子がはるみのために書いた『邪宗門』

である。

　はるみは、第二部のラスト一曲前に、『邪宗門』を歌った。

愛という名の〝業〟

　平成二十年四月四日未明、都はるみは、地方での仕事から帰京し、中村一好の死を知らされた。スタッフによると、この日の午後、都内の自室で首を吊っていたのを発見したという。

　はるみは、中村の死について語った。

「ここ数年、中村の酒量は増え、毎晩飲んでは自棄的になっていました」

　はるみは、最後の別れがかなわなかった事実も明かした。

「葬儀は、ご親族の方の希望で親族のみで済まされました。私もまた遠くから彼とお別れさせていただきました」

　はるみは、悔やんだ。

「なぜ、彼を思いとどまらせることができなかったのか、私はこれを悔やんでも悔やんでも悔やみきれません」

　はるみは、さらに語った。

「今、私が出来ることは歌い続けること……」

　私は、はるみと中村一好と一緒によく飲んだ。『小樽運河』の製作過程の話も聞かせてもらったり、熱い時間をともにした。

時に、私の眼の前で、はるみと中村一好は、激しい言い合いをすることもあった。男と女としてのナマナマしいぶつかりあいもあった。はるみの激しさも眼のあたりにした。

私は思ったものである。

〈この激しさあって、歌い続けてこれたんだな……〉

それゆえにこそ、中村一好の死が悲しくてならなかった。

はるみは平成二十七年十一月二十四日、東京国際フォーラムでの全国ツアー最終日に、翌平成二十八年の一年間単独コンサート活動を休業することを発表した。

現在も、芸能活動は歌手業も含めて実質休止状態となっている。

フランスの国民的象徴で、自分の恋人の死の悲しみの中で作った『愛の賛歌』のシャンソン歌手エディット・ピアフは、死ぬまで歌い続けた。はるみにも、ふたたび中村一好の死を乗り越えて、はるみならではの『愛の賛歌』というべき歌を歌って欲しい。

第七章
太地喜和子
恋に生きた生涯

元太地喜和子の恋人が告白

太地喜和子は、ポリシーを持っていた。

「私はサービス精神がある限り、見ている人にこの人は帰ったら所帯があると思わせてはいけない」

彼女は生涯で一度だけ結婚する。その相手の秋野太作（旧芸名　津坂匡章）との離婚後は生涯独身を通した。

彼女は、結婚前も、秋野との離婚後も、実に華やかに恋をし続け、男たちを翻弄さえしている。

東映のニューフェイスとしてデビューした当時、太地喜和子は志村妙子と名乗っていた。

その彼女と三國連太郎との関係について取材した時、当時彼女の恋人であり、東映で技術スタッフだった木村哲人が詳細に私に語ってくれた。

「昭和三十七年十一月の初めの頃でした。私にとっても、彼女にとっても忘れられない衝撃的な事件が起きたのです。

大物俳優の三國連太郎から、彼の付き人兼助監督を通じて、彼女に依頼がありました。

『三國さんが、台本忘れたから部屋に届けてって言ってるんだ。届けてくれないか』

三國連太郎が女優に迫るとき、よく使う手のようです。

三國さんは、当時から一風変わった俳優と見られていました。役のためには、歯を総入れ歯にしてしまうほど徹底する。

彼女からみれば、当時の三國連太郎という存在が、どのくらい眩しく映ったことか、それは想像に難くありません。いくら彼女がプロの女優といえども、憧れのスターであることにはかわりないのです。

当時の三國連太郎といえば、男だって惚れ惚れするほどの美青年です。

案の定、彼女は三國連太郎の部屋に行ったきり、何日も帰って来なかった。

彼女が、何日も帰って来ないという情報が私の所に入ってくるたびに、私の心は、錐でもみこまれるように疼きました。苦しくて切なくてたまりませんでした。このとき、私は、それほど彼女のことを愛してしまっていることを自覚したんです。

〈四十男の三國連太郎が、スターの地位を利用して、少女を性の玩具にするのは犯罪だ〉

志村妙子が、三國の家に行ったまま帰らないという噂は、あっという間に撮影所中に広まりました。私は、眠られぬ懊悩の夜を過ごしました」

運命の男、三國連太郎

三國連太郎は、大正十二年（一九二三）、群馬県太田市に生まれた。

昭和二十五年十二月、松竹の〝あなたの推薦するスター募集〟に写真屋の主人が三國の写真を送って応募した。三國は合格し、デビューすることになった。

木下恵介監督の『善魔』の主役でデビューした。芸名は、そのときの主役の名前である。

昭和二十九年『泥だらけの青春』（日活）、三十年『警察日記』（日活）、三十二年『異母兄弟』（独立映画）、三十四年『荷車の歌』（全農映）など、昭和三十六年末までに実に六十八作にも出演している。三國は、当時、「変人」とも言われ、どこにもいない型破りな俳優だった。

「彼女が三國の部屋から〝生還〟したのは、五日も経ってからでした。

彼女が帰ってきてから一週間も経たない十一月末、私は、決心しました。

会社に辞表を提出したのです。理由は、『失恋のため』と書きました。

受け取った上司は、苦笑しました。

上司は、当然、志村妙子の相手が三國だということは知っているのです。知っていて、私の辞表を受理するのです。」

太い指と火のように熱い舌

昭和三十八年十月、東映の俳優であった三國連太郎は、みずからのプロダクション「日本プロ」を設立した。三國は、日本通運に製作資金をあおぐ形で、独立第一作「颱風」を企画。東映の「専属俳優に独立プロ活動は許さない」という猛烈な反対にもかかわらず、昭和三十九年六月、みずからメガホンをとり製作を開始した。太地は、その映画に出演した。

ある日、長野のロケ現場から宿へ帰る山道で、三國がふと太地にもらした。

「ぼくの前を通りすぎていった女は多いけど、ぼくの中に、結局はなんにも残してはいないんだなア……」

太地は、そのときの気持ちをのちに「ヤングレディ」昭和五十一年十一月九日号で語っている。

「彼がふっともらしたその言葉に、私は匂いを感じたの。彼のすぐうしろを歩いていた私は、そのとき彼の背中に、寂しさがべったりはりついているのを見たような気がしたわ。この人のために生きてみたい……とっさにそう思ってしまったの。泥くさい感じだけど、竹の根のような繊細な神経の持ち主だった彼。二十も歳が違うのに、さびしがり屋の子どものような大人だった」

この映画の出演をきっかけに、二人はついに同棲に近い生活をはじめる。

太地は、そのときの心境をさらに語っている。

「彼は、私のすべてを独占しようとしたわ。自分の好みどおりに、私の髪をセシル・カットにさせ、私に女優をやめさせようとまでしたの。ベッドの中では、私を抱きながら私の過去をそれこそ執拗にききたがったわ。あからさまな性体験のさまざまを……。太い指と、火のように熱い舌で、私の全身をまさぐりながら、あきることなく彼はきいたわ。それは実に詳細でなまなましく、話に出てくる男の体臭さえ匂ってくるような話し方を彼は望んだの。すると、私は、まるで彼の催眠術にかかったように、結局すべてを話してしまったけど、あの頃の私は、彼の血だって平気ですることができたし、唾だって飲むことができたでしょう。私のからだに最初の喜びを感じさせたのは、三國さんだったような気がするの。本当はそうでなくても、そう記憶に残る強烈な体験だったのね」

「颱風」は昭和三十九年十二月に撮影を完了した。しかし、あてにしていた東映配給の目処が立たず、ついに公開されなかった。

三國連太郎の長男の佐藤浩市が、まだ生まれて間もない頃のことである。三國は、浩市の母親である女性と結婚していた。

太地は、三國が妻帯者だからといって、三國を諦め、三國との地獄のような恋愛から引き返すことなどできない状態にあった。三國との不倫愛の真っ最中であった。

三國も、太地を真剣に愛した。ただ純粋に恋愛に没頭するばかりではなく、ちゃんと社会的に、男のけじめをさえつけようとした。三國は、なんと、太地喜和子の両親に会いに来ると言ったのだ。それには、当の太地が驚いた。

太地は、親友の山城新伍に相談した。

山城は、太地からのあわただしい電話を受けた。

「あのね、お兄ちゃん、大変よ、大変。大変なことが起きたの」

「喜和子、落ちついて話せよ」

「あのね、あたしん家、合羽坂の小さなしもたやみたいなとこなんだ。そこに親が住んでるんだけど、三國さん、そこに来るって。うちのお父さんよりか歳が上のおじさんが、あたしん家になにしに来るんだろうね」

　太地は、自分より二十歳年上でこのとき四十一歳であった三國のことを「おじさん」と呼んだ。

「さあ？」

「新伍ちゃん、あたし、どうしたらいいか分かんないよ。お願い、立ち会って」

「立ち会うって言ったたって……」

「とにかく『みつばち』まで出てきて」

　山城は、太地の実家近くの喫茶店「みつばち」で、太地を待った。すぐ近くにはフジテレビもある。

　やがて、太地がやってきた。

　山城はとまどいを口にした。

「喜和子ねぇ、立ち会うってったたって、相手を考えろよ。三國さんは、おれなんかにとっちゃ、雲の上の人のような大先輩だぞ。おれが立ち会って横にいたら、相手だって『なんで、こいつがここにいるんだ？』って不審に思うじゃないか。とてもそんなことは出来ないから、ここにいて待っててやるよ。後で飯でも食おうぜ」

　太地が引きあげて行き、小一時間経った。

　太地が、「みつばち」にもどってきた。

　太地は、水を一杯グイッと飲んだ。

　ドングリのように大きく眼をみひらいて、堰を切ったように話しはじめた。

「大変なのよ。両親の前で、あたしと結婚しようって言ったんだ、あのおじさん」

「あっそう、よかったじゃない」

山城は、正直な気持ちを伝えた。

太地は、首を振った。

「よくないわよ。それが、十年後だっていうの」

「十年後？　なんなんだよ、それは」

「おじさんは、うちの親の前で、こう言ったの。『十年経ったら、自分の責任の範囲であるセガレが物の分かる歳になります。親の責任を果たせたといえる年齢です。あいつもひょっとして役者になるなんて言うでしょう。私は陰ながらいろいろ面倒見てやろうと思っています。そういう人生の設計を決めてるんです。十年経ったら、私は妻と別れて一人になります。ですからお嬢さんをいただきにまいります』ってそんなことを言うの。ねえ、そんないいかげんな話、親が納得すると思う？」

「うーん……」

山城も、さすがに二の句が継げなかった。

太地は、続けて言った。

「それがね、ほんとに真剣な顔でいうの。うちの親なんか、なんだか不思議なひとが来たって感じで、半分あきれかえって聞いてたの。でも、なんとなく半分は、あのひとの迫力で圧倒されてた」

「なんて言ったの、ご両親は」

「『ハイ』なんて納得させられて、『なにぶん、よろしく』だって」

山城も、太地と三國の二人は、そんなに長くは続かないだろうと思った。太地の両親も、おそらくそう思ったに違いない。

太地は、それからしばらくして、俳優座養成所の永曾信夫《えいそのぶお》に相談に言った。

俳優座養成所は、卒業するのに三年かかる。太地は、まだ一年残していた。

「先生、あたし、退学したいんです」

永曾は、叱り飛ばした。

「絶対辞めちゃいけない。きみは、本物の役者になると言ったじゃないか。辞めることはない」

太地は、このときも、なぜ退学をしたいか、その理由を口にしなかった。

永曾も、こういう場合、いっさい理由を訊かなかった。俳優志望の女性なら感受性は人一倍強いはずだ。身を灼き尽くすような激しい恋に陥り、人知れず悩みに悩むことも多いだろう。

永曾には、俳優志望の生徒たちに、いつも言っていた。

「恋は盲目というじゃないか。盲目でないような恋などなんになる。やりたいだけ恋をし、恋に燃えなさい」

だから、もし太地が、「いま恋愛しています。授業に出ても、ほとんど集中できません。ですから、退学します」と言ったとしても、いや、そう告白すればなおのこと退学を止めたに違いない、永曾は思った。

永曾は、火のように熱くなって太地を叱ったあと、つけ足した。

「別に、そんなに焦って退学しなくてもいいじゃない。休学をしなさい。休学して一年間考えなさい。どんな事情か知らないが、そのほとぼりが冷めてから、またもどってくればいいじゃないか。きみの才能を無駄にするなよ」

恋に燃え、恋の成就を目指し、さらに身を焦がす。その果てに、恋に破れ、冷めて別れて虚しくなってもいいではないか。まるで恋をしないより、恋して傷つき、大人になってまたもう一度養成所に復学し、演劇の勉強を再開してもいいではないか。

太地は、永曾の言うことを黙って聞いていた。そして、はっきり約束した。

「分かりました。おっしゃるとおり、退学でなく、休学にさせていただきます」

すさまじい求愛に恐れをなした三國

太地は、俳優座養成所に入って一年半後の昭和三十九年秋、函館に向かった。三國連太郎が、内田吐夢監督の東映映画『飢餓海峡』のロケで函館にいたからである。

「飢餓海峡」は、水上勉原作の同名小説の映画化である。水上は、この作品を青函連絡船の洞爺丸が、台風のため転覆し、千人以上の犠牲者を出した実話に基づいて書いた。

主人公の犬飼太吉を、三國が演じた。

太地は、前出の「ヤングレディ」でこのときのことも語っている。

「あれは彼が『飢餓海峡』のロケで北海道に行ったときだった。あのとき一人ぼっちになるのがとても寂しくて、彼に頼んで北海道へ連れて行ってもらったの。それが私たちの最後の旅だったのね。東京からの電話で、私がさきに帰京しなければならなくなると、飛行機ぎらいの彼は、私に汽車で帰れ、と強く言ったの。それでしかたなく青函連絡船に乗ったら、ボーイが『お客さまにお届け物です』って、紙袋を届けてきたの。変だな、と思いながら開けてみると、ロケ中に彼が毎日着ていたVネックのシャツが『疲れた』というメッセージとともに入ってたの。彼の匂いがいっぱいしみついていたわ。そんな形で、彼は私にサヨナラを言ったのね。あのときほど泣いたことはないわ。船室で、彼のシャツに顔を埋め、彼の匂いを胸いっぱい吸い込みながら思いっきり泣いたわ」

三國は、「婦人公論」（平成十年八月二十二日号）で、太地喜和子となぜ別れたかについて書いている。

「いろいろな女優さんと噂をまかれましたが、私が実際に男女のおつきあいをした女優さんは、亡くなった太地喜和子さんだけです。太地さんは魅力的な優しい人でした。これは異常ともいえるほど博愛精神をお持ちの方で、どこにも行かず、ほかのことは何もしないで、ひたすら私だけを待ち続けてくれる風情なのです。ただ、一抹の恐怖を感じさせる生き方に近いものが窺えました。ああ、この人は自己破滅していく人だな、自分自身が崩壊する道をあえて選んでいるんだなと、私自身を棚に上げて感じました。その破滅への道に私も身をゆだねて、彼女と心中する覚悟にはなれませんでした。勝手なものですが、二人の関係を続けるためには、同じ仕事をするのは困るから女優はやめてくれと言ったのですが、彼女はどうしても女優という仕事に未練があったようです。もちろん、一緒にいる時、仕事の話はまったくしなかったけれど、だんだん彼女の暮らしの後ろ姿に虚しさが透けて見えてくるのです。私は妻と別れて彼女とともに暮らそうと何度か決意したこともありましたが、彼女が劇団をやめていないことが周りから分かった時、やっぱり私の住む世界はここではないと思って、身を引く決意をしました。おつきあいを始めて丸々一年後のことでした。」

太地は、じつは、自分に女優をやめろと言う三國には、俳優座養成所を「休学」ではなく、「退学した」と嘘をついていたのだ。

三國連太郎は、「わが〝性的〟半自叙伝」（「宝石」昭和四十九年十一月号）でも、太地となぜ別れたかについてよりくわしく掘り下げて語っている。

「ところが、あんまり尽くされると、今度はそれが次第に重荷になってきたのである。

彼女は毎夜のように、若い情熱をぶっつけてくる。セックスをすることによって、ぼくの虚飾を剥ぎとろうとしたのかもしれない。

セックスだけではない。私が便所に入ると、どんな格好でウンコしているのかまで覗きにくるのだ。

ぼくとしては、自分を守るために芝居でウンコするしかない。

こうした無理な関係はしょせん、長くは続かない。私は恐れをなして逃げ出し、二人の関係は終わった」

太地は、三國と別れた傷心を癒すために、ヨーロッパ旅行に行っている。そのときの話を「アサヒ芸能」昭和四十六年十一月一日号の三國との対談で語っている。

太地　三國さんがいつのまにか去っちゃって、それから、ヨーロッパに行ったのね。たまたまドイツで、ポルシェに乗って、ヒゲを生やした大きな男のひとが帽子かぶっていて……あの頃、三國さんがやっぱりポルシェに乗って帽子かぶってたでしょ。で、突然、思い出して、どうしても会いたいって手紙書いたのね。

三國　はい、たしかにあれは拝見させていただきました。

太地　それで会ったんだけど、もう前みたいにはならなかったわね。

三國　ぼくは臆病者ですから、のめり込む危険を絶対に避けたんです。

峰岸徹の純粋すぎる愛

太地喜和子は、この頃文学座同期の峰岸徹と深い関係になっている。峰岸とは、俳優座養成所時代に、イギリスの〝怒れる若者たち〟世代の代表作品、ジョン・オズボーン作『怒りをこめてふりかえれ』で共演した。それ以来の縁であった。

「ヤングレディ」（昭和五十一年十一月九日号）で、太地喜和子自身が峰岸のことを告白している。

「文学座で同期生だった峰岸徹（当時・隆之介）君との仲も、くやしいけれど三國さんと別れた反動だったかもしれないわね。はじめ、彼は私の部屋に泊まっても、私に指一本ふれようとしなかったわ。その頃、彼には好きだった相手がいたし、彼は純粋すぎるほど純粋だったから。それが、ある夜、ふらっと私の部屋にやってきたの。その好きな女の子に頬をぶたれ、彼女の部屋を出てきたと言って。その夜、私たちの間の堰が切れてしまったの。私はビリビリ愛を感じちゃって、自然に結ばれたわ。でも、彼はとにかく純粋すぎたの。私が外で飲んで帰っても、彼はいつも黙って迎えてくれたけど、その忍耐の積み重ねが、やがて崩れるときがきたのね。女優としての私は、常にドキドキしたものを求めているし、そんな私とのギャップを埋めるには、彼は若すぎたんだと思う」

三國連太郎の息子佐藤浩市が、ものの分別もつく年頃の十二歳になった昭和四十七年十月、三國連太郎は、十年前に太地喜和子とその両親に誓ったとおり、妻と離婚した。

太地は、そのことを新聞で知ると、その翌日、山城新伍に電話を入れた。

「大変だよ、大変！」

「なんだ？」

「おじさん、別れたのよ」

「おじさんて、だれだ」

「三國さん、奥さんと別れたのよ！　今日、飲もうよ」

太地は、あまりに嬉しかったのだろう。その晩、山城と酒を酌みかわした。

「新伍ちゃん、憶えてるでしょ。おじさん、家へ来て、『十年経ったら、妻と別れるから結婚してくれ』って言ったこと」

「ああ」

太地の両親は、娘の喜和子が三國と別れてから後、述懐して言ったことがあった。

「十年経ったらって口説き方は、ねえだろう……」

太地は、乾杯のグラスをかちあわせながら山城に言った。

「今年、ちょうど十年目なのよ。倅《せがれ》が大きくなったのよ。おじさんがうちに来て言ったこと、あれ嘘じゃなかったのよ」

太地は、本当に嬉しそうに言った。

太地は、三國と別れてから、プライベートでは会っていなかった。

ところが、太地との約束を果たすかのように、ちゃんと離婚したのである。太地にしてみれば、三國が喜和子の両親に口にしたことを意識的に実行したかどうかは、どうでもよかったのだ。きちんと離婚して、あのとき太地と太地の両親に言ったセリフが嘘でなかったことを証明して見せてくれたことが、太地を感激させたのであろう。

「凄いと思わない？　新伍ちゃん」

山城は、舌を巻いた。

〈十年越しのプレイボーイか……やるな、おじさんは〉


「喜和子は男で、男の方が女」

太地は、東映に「志村妙子」で出演していた頃恋していた時代劇スターと、十年後の昭和四十七年に、京都の町で再会した。かつて太地に頼まれ、その時代劇スターにラブレターを渡したこともあった山城新伍の仲介だった。懐かしさも手伝い、三人で食事をした。

山城は、食事の後、気をきかせて消えた。喜和子とその男優の二人は、ピアノが置いてある小さなスナックに行ってしっとりとグラスを傾けた。かつて男優が喜和子を案内し、ピアノを弾いて歌ってみせた旧知の店である。

男優は、ムード満点になった頃あいをみはからい、自らピアノに向かった。弾き語りで、「思い出のサンフランシスコ」や「慕情」といった曲を、思い入れたっぷりに弾き、歌った。

もともと彼は、素人のど自慢の地方大会で優勝したほどの玄人はだしの腕前を持つ。

喜和子も、その美声にすっかり酔いしれ、大いに大人の時間を堪能している、とその男優には映った。

じっさい、太地は、嬉しそうだった。

「うまい、うまい。相変わらず上手なのね。ネ、ネ、ちょっとマイクを貸して。あたしにも歌わせて」

彼は、なにを歌いだすのかと眼を細めていた。

太地が、とつぜんがなりはじめた。

「ゆうべェ、三つしィて、けさァまァた二ぁつ……」

なんと、猥歌だ。しかも、せっかくのロマンチックなムードもぶち壊しになるようなダミ声で歌うのだ。

呆気にとられた男優は、制止する暇もない。

歌い終えた太地を苦笑しながら迎えるのが精一杯であった。

その翌日、かの男優に会った山城は、それとなく夕べの首尾を聞き出そうとした。

すると、

「新伍、あのあと、いてくれればよかったよ。まいっちゃったよ、喜和子がさあ……」

夕べの顛末を語った。

山城は、笑いをこらえながら「つくづく同情にたえない」とばかり場をつくろった。

その後、山城は、太地に確認してみた。

「喜和子、そりゃないだろ。十年間、あの青春がよかったって思ってる男に対して、ゆうべ三つして、けさまた二つ、はないだろ」

太地は、ケロッとのたまった。

「だからさあ、現実はそんなもんじゃないんだって。あのおじさん、いつまでも夢見る夢男さんでさ、昔の夢を追ってるんだもの」

山城は、深く納得したのである。

〈やっぱり、喜和子が男で、彼の方が女の子なんだな……〉

太地の生き方は「すべてに決死の覚悟」

演出家の木村光一が太地喜和子を初めて起用したのは、昭和四十三年四月に上演された「美しきものの伝説」だった。以来多くの作品を演出した。

　太地は、いやがおうでも客に自分の方を振り向かせる。女優の基本要素が、天性備わっているとしか言いようがない女性だったのだ。

　青春時代の太地にとって、芝居は欲望の対象であった、と木村は思う。

　絶えず、いろんな新鮮な男の人に触れたい、酒を飲んで違う自分を発見したい。そういう太地のことを悪あがきという感じもする。しかし、そのあがいている状態が、なんともチャーミングに見える。

　失敗をしたり、こけつまろびつ、という狂乱の時代。そんな時代を木村は、太地と仕事をともにすることになった。

　木村は、のちに杉村春子と北村和夫が主演する「土曜・日曜・月曜」を演出した。その芝居を観た太地は、北村の楽屋に飛んできて、感極まって、おんおん泣いていた。太地は、自分の嬉しいときだけでなく、舞台で観た他人の生き方、人生に感動すると、決まって大泣きをした。

　木村は、あきれかえった。

〈こんな感情の起伏の激しい子は、見たことない……なんだろうな、この子は〉

　太地が感動した「欲望という名の電車」のブランチのセリフに「死の反対は欲望」とあるのだが、死というものをおそれるがゆえ、お酒を飲んだり、セックスに溺れ、いっとき死の恐怖から逃れた気持ちになっている。その闘いが、ブランチの修羅場になっている。

　太地も、似たようなところがある。太地の欲望の対象は、単に酒やセックスにあるのではなく、究極は、芝居が欲望の対象なのである。太地は、芝居に対して、これでもかと納得するまで結果を求める。それは、執拗といえるくらい欲深い。これだけ欲深いということは、生命への執着が、いかに強いかということであろう。そのため、その欲望が中途半端なままに終わると、のたうちまわって悔しがる。

太地ほど、決死の覚悟で芝居に取り組む人間もいない。太地の台本は、手垢と涎と汗とでベトベトになっていた。表紙は、何度となくこすれたため、けば立っている。まさに、奮闘努力の結果という。

凄まじい読みこみ方だった。それだけ粉骨砕身努力するので、舞台を終えたあとの解放感も半端ではなかった。

木村が語る。

「昭和四十五年二月の「冬の花」の大阪公演のとき、ぼくと喜和子との間でトラブルがあった。ぼくたち文学座は、大阪で泊まる宿は、いつも決まっている。粗末な旅館だったが、その頃には、建て直して、鉄筋に変わり、屋上もできていた。

いつものように芝居がはねてみんなで食事をした。喜和子は、とうぜん酒を飲んでいる。彼女は、酒豪のようにみんなは言うけど、そんなでもない。いつも酔っぱらう。

とつぜん、ぼくに屋上に行こうと言いだした。

屋上に上がって二人きりになったので、急に酔いがまわったのだろう。

とんでもないことを言いだした。

『結婚しよ。あたしと、結婚しようよ！』

ぼくは、演出家と女優のような関係はよくない、と思う。とてもやりにくくなるのは目に見えているからだ。ぼくは、それはできなかった。惚れてしまったら、むしろ徹底的に一緒に仕事をしないようにするだろう。

でも、ぼくは演出家として、喜和子にもっともっといい役をあたえていきたかった。それは、ぼくの演出家としての業だ。でも、ぼくは、私的にも喜和子のことを離しがたくなっていた。

ぼくは、脅えた。それほど喜和子の愛情は、ストレートで純粋だった。

屋上でふたことみこと言いあっているうち、彼女の緊張が弾けた。

身につけている腕時計やブレスレットを外し、ポンポンと下に投げ捨て始めた。

『おい、やめろよ！　子供みたいなことは』

『だって、あたし、子供だもん』

ぼくは、オロオロするばかりだった。こういうとき、男というのは、ほんとに情ないものだ。

『光ちゃん、意気地なしネ。あたしが怖いんでしょ』

『そうじゃないさ。ただ、あまりにもきみが馬鹿げてるからさ』

『馬鹿げてるって！　ほんとにそう思ってるのね。よおし、死んでやる。あたしが馬鹿げてるかどうか、ここから飛び降りて証明してやるッ！』

喜和子は、泣きじゃくりながら、屋上の手すりを乗り越え、いまにも飛び降り自殺しそうになった。

もう、『馬鹿な芝居はよせ』なんて口にできなくなった。とはいえ、こんな喜和子を見て、やっぱりおれに惚れてるんだ、と思えるような余裕もなかった。

〈半分、芝居なんだろうか。それとも、前から酔うとこんなやっかいな癖があるのか〉

ぼくは、判断ができなかった。

いっそ、飛び降りるなら跳び降りてみろ、と突き放してやりたかった。

だけど、そんな勇気はない。

ぼくは必死になって喜和子の身体を摑み、なんとかおしとどめた。

三十九歳のいい年をした男が、こんな旅先の旅館の屋上で、こんな修羅場を演じているなんて、みっともいいもんじゃない。

結局、なんとかなだめ、屋上から下に降りていった。

しかし、喜和子のあの大声が、他の劇団員に聞こえないわけはない。ぼくは、とても気まずい思いをして部屋にもどったのだった。

そのときは、俳優座との合同公演だったので、東野英治郎さんら俳優座の大御所などにも見られてしまった。いまだったら、写真誌の餌食になったことだろう」

津坂匡章との結婚と離婚の真相

太地は、昭和四十五年七月、文学座同期の津坂匡章（のちに秋野太作に改名）と結婚した。

太地は、「週刊プレイボーイ」（昭和四十八年七月二十四日号）の取材に、津坂との結婚について、こう答えた。

「津坂くんのときは、きちんと籍を入れた結婚だった。三國さんのときが、ちっとも休まる暇のないほど激しいものだったから、もっと安心できる生活にあこがれたの。もっとも、半年間、まわりのものにもだれにも教えないで黙っていたんだけどね。あのひとは思ったよりずっと繊細なひとでね。あたしのようなわがままな女は駄目なのよ」

木村光一は、太地と津坂が結婚している間の昭和四十五年十月、自分でも大好きな「あわれ彼女は娼婦」を演出した。シェークスピアに続く十七世紀初頭のイギリス・ルネッサンス退廃期の作品だ。世はエリザベス朝末期、作者はジョン・フォード。兄妹相姦という異常な愛が、恐怖と流血の惨劇を生んでいく。いわゆるエリザベス朝演劇と言われるものの代表作家の作品だ。

パルマのフローリオ家に生まれた兄ジョバンニは、妹アナベラを愛してしまう。

「ぼくたちは同じ父親をもち、同じ胎内から生を享けた。だからこそ、生まれながらにいっそう強く結ばれているのではないか」

やがてアナベラは兄の子を宿す。アナベラは、その妊娠を隠蔽するため、貴族ソランゾと結婚しようとする。が、露見してしまう。ジョバンニは、妹の腹を割き、胎児を剣で串刺しにする。

兄妹の相姦場面は、圧巻だ。ジョバンニの小林勝也も、アナベラの太地も全裸である。前貼りもなにもつけていない。二人が愛の営みをおこなう部屋には、動く鏡の壁があり、二人の愛の営みが映し出される。角度によっては、観客に陰部まで丸見えだ。日本の舞台では、前例がない観客席は、騒然となった。アナベラの腹を割き殺したあと、胎児を剣で串刺しにしたジョバンニが、その剣で、アナベラの婚約者ソランゾも倒す。そして、ついには、ソランゾの召使いのバスケスに殺される。

太地の全裸の舞台を、結婚したばかりの夫の津坂匡章が、最前列でじっと観ていた。サングラスをかけていたので、はっきりとは分からなかった。しかし、太地にはすぐに分かった。あれほど観に来てはいけない、と釘を刺しておいたにもかかわらず観にきていたのだ。

太地は、津坂を問い詰めた。

「なぜ、観に来たの？　あれほど来ないで、って言ったのに」

津坂は、全面否定した。

「おれ行ってないよ。絶対に行ってない。観に行くはずがないじゃないか」

津坂が、頑として認めないので、ひどくもめた。

木村が語る。

「喜和子と津坂君は、結婚していた。そのことを、喜和子はだれにも打ち明けていなかったので、ぼくはまったく知らなかった。彼女が人妻だと知っていたら、ぼくは彼女を舞台で全裸にまではさせなかったかもしれない。

ぼくは、のちに喜和子から、じつは津坂君と結婚していたと打ち明けられたとき、彼女の心情を思った。

〈喜和子は、自分に亭主がいるってことを言いたくなかったのだろう。結婚していると言って、

一緒に仕事をするぼくと気持ちが通じ合わなくなるのをおそれたのかもしれない〉

喜和子は、ぼくに告白した。

「彼が言うのよ。『木村に利用されて、そんな……おまえ』って反対されたの。でも、あたしはやるって決心したの」

「きみ、どうして黙ってたの……」

ぼくは、それっきり絶句した。

西洋では、一緒に芝居をすると、お茶を飲むみたいに軽い感じでベッドをともにしたりするという噂だ。喜和子は、日本の女優にしては珍しく、そういう点についてはドライだった。だから、ぼくはなおのこと、喜和子が結婚していて、ぼくと恋愛をしたりするから、「喜和子にとってのぼくはなんだったんだろう」といぶかるのだ。ぼくは彼女が結婚していると知ってたら、ぼくの方から身を引いたのに……。」

太地は、「ヤングレディ」(昭和五十一年十一月九日号)でも、津坂との結婚について語っている。

「恋愛という感情は、結婚生活に入ると同時に死滅してしまうもののような気がするわ。結婚していた期間は八カ月。楽しかったのは三カ月くらいの間だけだったわ。私と彼とは、あらゆる面が似ていたわ。だから一緒に長く暮らせると思ったの。でもちがった。結婚という生活を持続させていくには、馴れ合い的なものが必要だわ。私はいつも妻である以前に女優だった。正直に言って、食事の仕度より台本を読んでいるほうが好きだったし……。セックスに淡白だった二人が、なじり合いの果てにからだを合わせ、心はひとつなんだと安心しあえる頃はまだよかったの。三カ月をすぎると、セックスなんて全然ない植物的な夫婦になっていたわ。具体的に口では言わなかったけれど、彼が私の過去に多少なりとこだわりを持っていたことは事実だわね。たぶん、結婚という枠の中でなければ二人は許しあえたのかもしれない」

太地と津坂との結婚は、わずか八カ月にして破局した。

太地喜和子は「魔性の女」なのか

木村光一の話。

「喜和子は、私と恋愛中でも、フッとどこかへいなくなることがあった。

私は、また喜和子が共演中の男優とデートでどこかへ出かけているのだろう、と思っていた。

私は、分かってはいるものの、度重なるとさすがにあきれることもあった。

〈ぼくとつきあってて、なんで他の男と平気でデートするんだろうな。まったく始末におえない女だよ〉

が、私は、一度たりとも、喜和子を憎むことはなかった。そのわがままさも含め、なんてかわいいのだろうとさえ思った。『おれの恋人なのに、どうして他の男と』と激しく嫉妬し、ののしるという気持ちにはならなかった。

喜和子のわがままさには、私をちっともいらいらさせない独特な愛らしさがあった。喜和子には、なにをしても相手に許させてしまう不思議なものがあるのかもしれない」

太地喜和子は、昭和四十七年十二月、ついに運命の作品に〝再会〟した。『飢餓海峡』。かつて、十九歳の太地が身も心も捧げ、おとことおんなの究極の愛を攻めあった三國連太郎が劇場映画で主演した問題作だ。

木村は、水上の日本の風土に根を張って生きているような姿を見て、日本の風土から吸い上げる力強さを実感した。

木村は、また太地喜和子も、日本の風土から出てきた女性だと感じていた。

〈素敵なファッショナブルな人気女優だと思われてもいるだろうし、そういう面も確かにあるが、喜和子の本質は、そういうところにはない〉

木村は、だからこそ、『飢餓海峡』の杉戸八重を太地喜和子が演じたら、すごくよくなるだろうと思っていた。

水上に、こう持ちかけた。

「杉戸八重を、太地喜和子でやりたいんですが、脚本を書いてくれませんか」

水上は、即座に承諾してくれた。

「あっ、いいよ」

木村光一の告白。

「ぼくは、水上勉さんと車に同乗したとき、水上さんから、喜和子へのオマージュを、はっきりと聞いた。

『こんな八重ができるとは、思わなかったよ』

勉さんも、さすがに驚いたようだった。そもそも水上文学というと、多くのひとは、メロドラマの結晶、情話だと思いこんでいる。

しかし、決してそうではない。貧しいひとたちのしたたかな強さ、節度、礼儀正しさ、誇りなどを水上さんは表現していたはずだ。水上さんの映画や芝居で、観客が笑いころげたりすることなど、かつてなかったことだった。『飢餓海峡』で、喜和子がその常識を破った。

ぼくは、その車の中で、気持ちが昂揚していた。つい調子にのって勉さんに打ち明けてしまった。

『喜和子は、こんな芸能界とかいう修羅の世界でこのままいって変な形に曲がってってもいけない。やっぱり、ちゃんと守ってやるひとがいないと駄目だって思うんですよ』

『うんうん……』

勉さんは、ぼくがなにを言おうとしているか察知していたようだった。

『喜和子と結婚しようと思うんですけど、どう思いますか』

とたんに、勉さんが苦汁を飲んだような表情になった。

『馬ッ鹿だなあ……、やめとけよ』

ぼくも、車を降りて勉さんと別れるときには、すでに平静にもどっていた。

『ほんとにそのとおりだ、ほんとにそのとおりだ……』

ぼくは、そう言って帰り道で何度も自分に言いきかせた。

一時的にもせよ、ぼくが彼女を妻にして、守ってやりたいと思ったのには、ちゃんとした理由がある。

ぼくは、心のどこかで、喜和子が女優をやめないかな、と都合のいいことを思っていた。家庭での、親を大事にしている喜和子を見ていたからだ。所在なげに両親の家にいて家事をしている喜和子は、舞台とはまったくちがった面を見せた。

ぼくは、そういう古風な喜和子が凄く好きだった。

女優としての実力は抜群であっても、家事ひとつロクすっぽできず、しかもそれでいて、そのことを当たり前のように思う驕慢《きょうまん》な女性は、うんざりだった。喜和子は、結婚しても、いい嫁さんになれるだろう。だが、それでも、喜和子は、結婚しては女優はアウトだろうと思った。

ぼくが、喜和子が病気をしたとき、見舞いに喜和子の家を訪ねたことがあった。そのとき両親に挨拶した。両親がぼくのことを喜和子の恋人と思っていたかどうか、ぼくは分からない。

いずれにせよ、喜和子に好意を抱き、喜和子をかわいがってくれている演出家だということは分かっていたようだった。それゆえ、喜和子の両親は、ぼくのことを好意をもって接してくれたのを覚えている。

ぼくが、喜和子との結婚を一瞬でも想像したことがあったのは、喜和子の中にある家庭の女としてのまっとうさ、古風な良風美俗をちゃんとまっとうできる女性だと見抜いたからだった。喜和子と結婚すると、どうなるかはじゅうぶん分かっていた。しかし、それでもなお、喜和子をしあわせにしてやれるとしたら結婚という方法かな、と古風にも思ったのだった。結婚をしても女優もやめないとなると、いったいどうなるのだろう、という恐怖は共に立った。〈女優なんて、決して素晴らしい商売ではない。その証拠に、みんな私生活では不幸になってるじゃないか〉

ぼくは、私生活の夢破れて、男のようにキリッと眉を逆立て女優稼業に没頭する女優を、いやというほど見てきた。

だから、ぼくは喜和子を妻にしようとしたのだった。

でも、それはそうしなくてよかった、といまは思っている。」

十二歳、年下の中村勘九郎（五代目）との恋

太地喜和子と歌舞伎役者の五代目中村勘九郎（のち十八代目中村勘三郎）が出会ったのは、昭和五十年七月。「桜ふぶき日本の心中」の文学座アトリエでの再演を観に行ったときである。

勘九郎は、太地喜和子のファンであった。その頃、江守徹とＮＨＫの大河ドラマ「元禄忠臣蔵」で共演していた。江守が大石内蔵助で、勘九郎が、大石主税であった。文学座のアトリエ公演に太地が出演すると知り、観に行った。そのとき、江守徹に太地を紹介された。

勘九郎は、そのときの印象を、「週刊ポスト」（平成四年十月二十日号）でこう語っている。

「さっぱりしてて、男みたいな人でした。だから、誰からも好かれてててね。それでいて淋しがり屋。もちろんいい女優だったよ」

勘九郎は、昭和三十年五月三十日に生まれた。父は十七世中村勘三郎、母は六世尾上菊五郎の

娘。

昭和三十四年四月、五世中村勘九郎として初舞台（「昔噺桃太郎」）を踏み、天才子役と持てはやされる。テレビや映画にも引っ張り凧の人気子役となった。

父との共演の「連獅子」が大ヒットとなる。「弁天」「髪結新三」などの世話物、「元禄忠臣蔵」の内記、「鏡獅子」の弥生などが代表作である。

中村勘九郎の実姉の波乃久里子の話によると、二人が親しくなったのは、勘九郎が、太地の舞台が映えるようにと歌舞伎用の豪勢な桜の花びらをいっぱい用意してプレゼントしたのがきっかけだという。

太地に夢中になった勘九郎は、昭和五十一年の初め頃から、夜昼問わず、太地に電話をかけた。『飢餓海峡』の地方公演で、全国を巡業している太地の巡業先にでも、夜昼時間をかまわず、電話で太地を呼び出し続けた。

中村勘九郎が「コスモポリタン」（平成二年八月号）で語るところによると、勘九郎が、太地の魅力の虜になり、激しい恋心を募らせるのを見て、勘九郎の父の中村勘三郎（十七代目）は、初めのうちは、勘九郎の芸の妨げとなるのでは、と猛反対した。

が、勘九郎は、父親の反対くらいでは、太地への想いを簡単に断ち切れない。

「なんでもいいから、（彼女の）舞台を観てくれよ」

そう言って、渋る勘三郎を、昭和五十一年九月に西武劇場で太地がオフィーリアを演じている『ハムレット』の舞台に連れていった。

太地が登場し、一瞬頭を動かせた。

勘三郎は、わずかそれだけの仕種で、納得した。

「おい、太地喜和子って、うまいなあ」

それ以来、勘三郎は、手のひらを返したように太地を好きになってしまった。「喜和子、喜和子」と、わが娘のようにかわいがるようになった。

あげくのはてに、自分で勝手に決めつけていた。

「おれが『ハムレット』を演るときは、太地喜和子のオフィーリアで、ガートルードは、杉村（春子）先生でやってもらおう」

ガートルードは、デンマーク王妃にしてハムレットの母である。

昭和五十一年の春を過ぎる頃には、太地は、勘三郎に踊りの稽古をつけてもらうため、中村家に通い始めた。太地と勘九郎の仲は〝勘三郎公認の仲〟となったのである。

とにかく、勘三郎は、その人間の芸がよければ、他に少々人間的綻びがあっても、認めてしまうところがあった。

太地は、持ち前の人なつっこさで、すぐに中村一家に溶けこんだ。勘三郎は、太地をことのほかかわいがった。

勘九郎はもちろんのこと、太地に夢中になった。

昭和五十二年夏には、太地と勘九郎は、ひそかに二人だけのギリシャ旅行を楽しんだ。

勘九郎は、ギリシャから帰ってきて姉の久里子に上ずった声で言った。

「お姉ちゃん、喜和子って凄いんだよ。なにが凄いってねえ、ギリシャを二人で旅行していて、お金が無くなったんだ。ホットドッグを二人で買ったんだ。おれ、一個落っことしたんだよ。拾おうとしたら、喜和子が制して言うんだ。『あんたは、いい家の子だから、そっち食べちゃだめ。あたしが食べる』そう言って、パクッと食べたんだよ。ね、そんなこと、お姉ちゃん、言えるか」

「好きだったら、言えるんじゃないの」

弟の勘九郎にとっては、喜和子以外は全員だめであった。姉の久里子も、ただの女優の一人にすぎなかった。太地喜和子だけが、大女優なのである。

太地に、波乃久里子について訊いたひとがいた。

「波乃久里子って、どんなひと？　怖い？」

太地は、即答した。

「ノリちゃんのお姉さんで、悪いひとであるはずがないわ。いいひとに決まってるでしょう！」

勘九郎は、本名の波野哲明（のりあき）から、〃ノリちゃん〃とも呼ばれていた。

その言い方が、当の波乃には、ひどくかわいい女性に映った。

だが、太地は、波乃に遠慮して、内心は怖がっていたように見えた、と波乃はいう。

自分の方が年上で、勘九郎と一緒になって変に思われないだろうか、と不安なのだろう。

波乃は、太地の人間性が好きだった。だから、中村家に嫁いできてもいいと寛容に思っていた。

中村家でも、母親以外は、まったく問題はなかった。父の勘三郎は、太地を大好きであった。

しかし、母親といえども、周囲の心配する声を耳にしたこともあって、慎重であるだけで、太地のことを嫌ってはいなかった。

波乃は、太地にいつも誘いかけていたほど、打ち解けていた。

「女優としては、ぜんぜんタイプが違うし、喜和子さん、あたしと一緒に舞台やろうよ」

太地は、首を振った。

「えっ⁉ やだ、やだ。あなたとなんか、とんでもない」

「なんで？ そんなに毛嫌いしないでよ」

話は、それっきりになった。

勘九郎は、太地に会った夜、必ず久里子に、太地の素晴らしさを話した。

「向こうのお芝居のことでも、本気で教えてくれるんだ。『オセロー』なんて、喜和子さんのイアーゴーなんて凄かったよ。こんなになって、イアーゴーが物陰に隠れるところをやって見せてくれる。格好いいんだよ、ほんとに」

イアーゴーは、ムーア人の将軍オセローの旗手である。てっきり副官に任命されると期待していたが、思いどおりにならない不満から策略をめぐらし、オセロー失脚のために悪知恵をはたらかせる奸智者である。

太地は、勘九郎に真剣な顔で言った。

「三國さんと勘九郎さんだけが、本気であたしを好きになってくれた」

しかし、十九歳の勘九郎は、若さゆえに、自分の未熟さがじれったい。太地喜和子への愛をくらべると、大人の男である三國連太郎に対して、ひどくコンプレックスを感じるようだった。

昭和五十年七月、中村勘九郎と太地喜和子の交際が女性週刊誌「ヤングレディ」で報じられた。

二人の年齢差は十二歳もあった。

太地は、「ヤングレディ」（昭和五十一年十一月七日号）誌上で、勘九郎との恋について答えた。

「最初は〝年下の坊や〟という気持ちしか私にはなかったの。ところが、周囲で騒がれだすと、私の中に彼を大切にしてあげたいという感情が生まれたんだわ。しかも、彼は私に恋をしていると言った。

あまりにも若く逞しい、精神と肉体が輝いている青年は、私が思ったより、はるかに強い力で圧倒してきたわ。この恋は新鮮で、私にいままでの恋とは別の活力をあたえてくれたような気がする。二人でいるとき、周囲のひとに彼は『どちらが年上に見える？　ぼくだろ』ときく。私は笑って彼のほうを見ているだけ。本当に彼の言うとおりかもしれないと思いながら。女というものは、一度、深く愛してしまえば、年齢の差なんて考えなくなってしまうものなのね。はじめのうちは、子どもだと思っていたことが不思議なくらい、彼は私にとって大人になってしまったわ。私は彼の前では、無意識のうちに年下の女になっていることがよくあるの。逆に三國さんのときは二十歳も年上だったけど、私は彼をそんなふうに捉えたことがなかったわ。つまり、愛しはじめたら〝年齢〟という意識は消えてしまうものなのね。女というものはみんなそうだと思うの。母親になったり、子どもになったり、女は変幻自在に愛する男のためには変われるものなのよ。たしかに私は恋している。恋には終わりがある。彼とのことがどうなるか……分からないわ。彼の側でもそうだと思うの」

太地の勘九郎への傾斜は、半端ではなかった。二人して恋愛を楽しんでいたとはいえるが、これほど夢中になるのも珍しい。

勘九郎が、太地に電話をする。すでに夜も深くなっている。

「いま箱根の別荘なんだけど、いますぐ来いよ」

「うん、すぐ行くぅ！」

そうは言ったものの、時間が時間だし、勘九郎はじめ、一緒にいた波乃久里子も、みんな半信半疑だった。

そのまま東京を発って車で来たとすると、もうじき着く時刻だ。そう思って、中村一家で全員外に出た。別荘の近くの高速道路の出入り口近くまで行って、様子を見ることにした。

みんなで太地のことが心配になったのだった。

中村家全員が外に出て、みんなで星空を眺めて太地を待っていた。

「わーア、きれいだなあ。見て見て、パパ」

「そうだね、きれいだねえ。ところで、喜和子、ほんとに来るかなあ」

「すっ飛んで来んじゃないの」

そんな風にみんなで話していたら、間もなく太地喜和子がやってきた。

太地は、一心不乱に車を飛ばしてきた、という感じで言った。

「ごおめえーん。遅くなっちゃった」

みんなでニコニコ笑って出迎えた。

夜中の十二時頃だった。

勘九郎は、太地と真剣に交際していた。結婚しようとまで思っていた。

歌舞伎役者の女房は、普通の女房と違い、夫のあらゆることの面倒をみないといけない。スケジュールから始まり、贔屓への案内、つけとどけ、挨拶、すべてやらなくてはいけない。芸能マネジャーの仕事も兼ねているわけである。

勘九郎は、そんなしんどい歌舞伎役者の女房の立場も分かっているだろう太地に、きっぱりと言いきった。分かっているからこその逡巡もあるだろうことを見越して、先に言いきるような形である。

「そんなの一切廃止さ。喜和子のときから変えていくんだ」

勘九郎は、喜和子に一切、やらせないつもりのようだった。

勘九郎は、三國連太郎を尊敬していた。太地が、三國を素敵だと思ったということは、自分のことも素敵だと感じているということなのだ。三國連太郎は、血気はやる勘九郎にとっては、相手にとって不足はない、と思うのだろう。

波乃久里子は、太地をこう見ている。

「喜和子って、恋多き女って言われるけど、あたしは、彼女は『真夏の夜の夢』のパック（妖精）って気がするのよ」

パックは、イギリス中世伝説中の、いたずら好きな小妖精。シェークスピアも「真夏の夜の夢」で登場させた。

「みんなにパッと光を輝かせて、パッと天上にいっちゃうみたいな。いつも、そばにいても爽やかだし、ドロドロしていない。だから、男と一緒に夜いると言うのでも、見たことないから分かんないけど、寝ないで朝までしゃべってたいって口じゃないのかな」

太地は、勘九郎と出会って変わった。それまでの彼女は、電話の前で、じっと男からかかってくる電話を待っているなどということは、絶対になかった。だが、彼女は、勘九郎からの電話をじっと待ち続けるようになった。

勘九郎からかかってきたとき、自分が家にいないときの相手の落胆を察して、じっと動かず、電話を待ち続けるのだ。いまの携帯電話の世界では想像も出来ないことだ。

勘九郎が、太地に夢中になったように、太地もまた勘九郎に夢中になった。

太地と勘九郎は、朝までよく飲み、よく語った。

勘九郎が、「週刊ポスト」（平成四年十月二十日号）で語ったところによると、太地は、飲み疲れた勘九郎が、ちょっとでも眠そうなそぶりを見せようものなら、不満そうにこづいた。

「眠りゃあ、いい芝居ができるってもんじゃないわよ」

「もう飲めない」

「冗談じゃないわよ。あんた男でしょ」

勘九郎は、太地こそ前世は男じゃないか、と思った、という。

しかし、太地は、アル中ではなかった。酒そのものよりも、酒場が好き、人間が好きなのであった。

大笑いして飲み、気のいいひとであった。

太地は、勘九郎の舞台には、欠かさず足を運んだ。

勘九郎は、舞台から見ていてすぐに太地だと分かったという。

太地には拍手するとき、独特の癖がある。両手を自分の頭上に掲げて、パンパンと派手に叩いて拍手する。黒い洋服を着て、帽子を被っているので、周囲のお客は、太地だと気づかない。が、勘九郎には、すぐに太地だと分かった。しかし、勘九郎の芝居が悪いと、あまり拍手をしないで帰ってしまった。芝居の出来がよいと楽屋を訪ねてくるが、悪いと楽屋にも来ない。

太地と勘九郎の二人は、激しく愛するがゆえに、また激しく喧嘩もした。

昭和五十一年五月十九日の夜、山城新伍が酒場で待っていると、太地が現れた。

額にどでかい包帯をしている。

「どしたの？　また、派手だねえ」

「そう。〝かしらぁの傷は、一昨日の〜〟ってね」

「なに？　喧嘩？」

「うん」

五月十七日から十八日にかけての深夜、中村勘九郎と、部屋で派手に喧嘩したらしい。柱時計を投げあったという。それで、童謡の「柱の傷はおととしの」の柱（時計）と頭を掛けたのだ。

〈ほんとかな……でも、恐ろしい話だな〉

恋は情熱だとはいえ、二人で前向きの話をするあまりに、大喧嘩になり、刃傷沙汰になるというところが、恋する二人の話にしては、凄すぎると思ったのだ。

太地は、その傷を妻で隠し、翌日、この年七月公開の『男はつらいよ・寅次郎夕焼け小焼け』の記者発表の会見場にのぞんだのだった。

芸者ぼたんの役なので、妻をつけて出ても、なんの違和感もなかった。

山城は、自分も女性を連れ、太地と勘九郎の四人で、「まるでワンワンチーム、ニャンニャンチームみたいだね」などとふざけあい、飲んだこともあった。

昭和五十一年の十一月初め、金沢で勘九郎が歌舞伎公演を打っているときだった。勘九郎は、金沢で公演を終えたあと、とんぼがえりで東京に帰る。

太地は、同じ頃、名古屋で「ハムレット」の地方公演だった。

当分二人は会う時間をとれない。わずかな間隙を縫って、金沢駅でデートしようというのだ。

太地は、名古屋での公演を終えると飛行機で金沢に飛んでいく肚だった。

飛行機がもし雪で欠航したら、勘九郎は東京に帰ってしまい、デートはふいになる。

太地は、飛行機の最終便に間に合わすように、「ハムレット」の芝居のセリフを早くしたりと懸命に工夫した。やっとのことで飛行機に間に合ったという。それほどまでにして会いたかったようだ。

太地は、西舘好子にも瞬間の逢瀬の切ない甘やかさを打ち明けたことがある。

「なにが楽しいってね、勘九郎さんが地方公演に行く。あたしも地方公演に行くってとき、二人が羽田のゲートで行き違うのよ。そして『喜和子、行って来るよ』『行ってらっしゃい』とお互いに見送りあう。あっちは南から羽田を通って、青森へ、あたしは、逆に南下するなんてときにね」

お互いに連絡しあって、「何時何分に、羽田のゲートですれ違いあおう」と約束をするというのだ。

「その瞬間の逢瀬が、一番楽しかった……」

山城新伍が傍で見ていて思うのに、太地と勘九郎の恋愛は、川口松太郎の短編小説「鶴八鶴次郎」のようなものだった。明治の末から大正はじめにかけて人気のあった新内語りのカップル、語りの鶴次郎と三味線弾きの鶴八を描いたドラマである。鶴八鶴次郎は兄妹ということになっていたが、じつは他人であり、舞台の上だけの愛人同士で、芸のことでは、よく争っていた。が、ふだんは仲がよかった。そのように、太地と勘九郎も、お互いの芝居を、ああでもないこうでもないと批評しあい切磋琢磨していくよきライバル関係にあったのだと思っている。

また、勘九郎の父勘三郎は、一人息子の勘九郎が十二も年の離れた太地と色恋に耽っていても、むしろ温かく見守っていた。勘九郎が、太地のような新しい芝居をしている女優に惚れて、刺激を受けるのなら、息子の芸域の広がりにプラスになるやもと寛大に許していたようだ。

山城は、ときどき、太地からごく初歩的な質問を受けたりした。

山城は、太地と話していて、自分も太地と同じで仕事一途、つくづく趣味がないと思う。周囲からは軟派の遊び人だと思われているが、ゴルフはしない。賭事をしない。映画を観ているか、本を読んでいるかなのだ。それでつい、「おれ、趣味ひろみ（夫人）だから」と太地にいう。

するると、太地は驚いたように言う。

「あら、いいわねえ。ねえ、新伍ちゃんとこって、いつも夫婦仲良くって感じだけど、どんな生活をしてたら、そんな風になれるの」

山城は、神妙に答える。

「うん、もう、この頃では、歴史が長いから、夫婦できょうだいみたいな気持ちになってる。だから、うっかり手を出したら、きょうだいだから近親相姦になるって状況に持ってってる。そうじゃないと、夫婦はうまくいかない」

なんだか、分かったような分からないようなことを言って煙にまいていた。

山城は、太地から、結婚するという話は何度か聞いたことがあった。そのやりとりは、そういうときに生じたものだろう。山城もくわしくは覚えていない。

熱い恋の終わり、すべての終わり

中村勘九郎は、昭和五十二年八月、日生劇場公演『若きハイデルベルヒ』で、若手ナンバーワン女優大竹しのぶと初共演した。いつも歌舞伎で男ばかり相手にしている勘九郎が舞台で生身の女優と共演するのは、これが初めてだった。「毎日顔みてたら惚れちゃった」と勘九郎は、太地の妹分のようであったライターの長田渚左に語っている。

勘九郎は、この天才女優に、ぞっこんになってしまったようだ。

勘九郎も、自分がしたことの稚拙さにバツが悪くなったのか、二人してすごすごと帰って行った。

二時間近く経って、勘九郎から太地に電話がかかってきた。

「ごめん。どうかしてたんだ」

「ごめんじゃないよう。なにやってんのよう。陽子さんだってさ、手を使う商売なんだから、これでなにかあったら、あんた訴えもんよう」

「ほんとに、すまない」

「こっちい来て、陽子さんに謝んなさいよ」

よほど強く噛んだのだろう。歯形がクッキリとついていた。みるみるうちに鬱血して腫れあがった。

「陽子さん、ほんとに、ごめんなさい。許してください」

陽子は、冷静になれなかった。しかし、太地の手前、言葉にはしなかった。

しかし、内心は、これで腕がどうにかなったなら、ほんとに裁判ものだと真剣に思った。八十助も八十助だ。どうして止めてくれなかったのか。八十助をも怨みたかった。

傷は、なかなか治らなかった。傷痕と歯形は、二年間消えなかった……。

太地の勘九郎に対する冷たさが嵩じたための哀しい男の性ともいえた。むしろ、積極的に冷たく当たっているようにも見えた。

罪は、勘九郎だけではなく、太地にもあった。

佐藤が勘九郎に嚙みつかれたとき、勘九郎には妻子があった。勘九郎は、昭和五十五年十一月二十七日に歌舞伎女形中村芝翫次女の好江と結婚していた。

しかし、勘九郎は佐藤にも言っていた。

「ぼくの心の中には、いつも喜和子がいるんだ」

熱い恋の炎が燃え上がり、お互いに求めあうような官能に火が灯ることは、もうなかったものの、太地への情熱は、芸を教わり教えるような人間的崇敬の関係になっても、ぷすぷすと燻《くすぶ》り続けていたのだった。佐藤は、つくづく芸に生まれ、芸に死すべき二人なのだと思った。勘九郎が、「四谷怪談」のセリフをテープに吹き込み、太地に渡した。そのテープをすり切れるまで聞いて勉強する太地の姿を見るたびに思うことだった。そのテープの勘九郎の声は、佐藤に一種いわく言いがたい感動を与えたのである。

〈凄い……蛙の子は、やはり蛙だわ〉

幼い頃からバイオリンに馴れ親しみ、訓練に訓練を重ねてきた佐藤であるからこそ、右も左も分からない幼少の頃から、歌舞伎のセリフを習い親しんできたに違いない勘九郎の芸の到達点を聞く思いがしたのだ。

平成五年十月初め頃、佐藤陽子は、太地とよく飲んでいた「ドンキホーテ」で、偶然中村勘九郎と鉢合わせた。佐藤は、翌日コンサートを控えていた。

飲んで太地の思い出話をしているうち、ふとしたことで激し、口喧嘩になった。

端緒は、佐藤が、勘九郎の言いぐさにカチンと来たことにある。

勘九郎は、酒の勢いもあり、酔い痴れたように言いはなった。

「喜和子は、あの死で、世紀の女優になった。彼女の死は、最高の演技だよ」

勘九郎は、太地とあれほど激しく愛しあったのだから、勘九郎なりの思い入れが深かったのだろう。

が、佐藤は、その言いかたに納得いかなかった。最高の幕の引き方とかそういう風に思いたくもなかった。まだ、「喜和子の死は宿命だった。やはり自分で分かろうが分かるまいが、最初から決まってたんだ」と言われた方が太地にとって救いがあるように思われた。

「最高の演技」だなんて、どうして言えるのだろう。激しい議論になってしまった。

佐藤は、勘九郎に激しく抗議した。

「そうか、勘九郎さんよ。そう思うのか。あの彼女の死を見て、あんたは、あの死が彼女を不動のものにした、なんて言えるのか」

「…………」

佐藤は、勘九郎のようには思わない。思わないけれども、それでは、もしも太地喜和子にあの事故がなければ、杉村春子の年齢にまで女優をやれたかどうか、と訊かれたら、また言葉につまってしまうだろう。もし太地の目が見えなくなったとしても、太地の精神力が女優を続けさせたかどうか。それも、分からない。最後の恋人だった文学座の年下の座員の森岡（仮名）は、「喜和子の視力がなくなっても舞台女優を続けられたなら最高だった。また、それは出来たと思う」と佐藤に言った。

あとがき

本書は、拙著の『蘇える松田優作』（廣済堂出版）、『高倉健の背中　監督・降旗康男に遺した男の立ち姿』（朝日新聞出版）、『美空ひばり――時代を歌う』（新潮社）、『知られざる渥美清』（廣済堂出版）、『都はるみ――炎の伝説』（河出書房新社）、『太地喜和子伝説』（河出書房新社）を元に、新規加筆の上、再編集した作品である。

また、『大下英治の「斬り込み対談」食道ガン克服の中で見た原色の〝臨死体験〟　五社英雄』（アサヒ芸能1991年9月5日号）、『妻・夏目雅子と暮らした日々』（伊集院静著・週刊現代2010年9月18日号）、『追いかけるな　大人の流儀5』（伊集院静著・講談社）、『高倉健「二人だけの十七年」（小田貴月著・文藝春秋2019年12月号）』を参考にしました。

令和元年十一月　大下英治

大下英治

おおした・えいじ

1944年6月7日、広島県に生まれる。

1968年3月、広島大学文学部仏文科卒業。

1970年、週刊文春の記者となる。

記者時代「小説電通」（徳間文庫）を発表し、作家としてデビュー。

さらに月刊文藝春秋に発表した「三越の女帝・竹久みちの野望と金脈」が反響を呼び、岡田社長退陣のきっかけとなった。1983年、週刊文春を離れ、作家として政財官界から芸能、犯罪、社会問題まで幅広いジャンルで創作活動をつづけている。

近著に『渋沢栄一　才能を活かし、お金を活かし、人を活かす』（三笠書房）、『最後の怪物　渡邉恒雄』（祥伝社）ほか、『稲川会極高の絆二人の首領』、『昭和、平成秘録〝憂国〟事件の男たち』、『IT三国志「超知性」突破する力』、『吉本興業の真実』、『襲撃裏社会で最も恐れられた男たち』（小社刊）など、著作は450冊以上にのぼる。

芸能界のタブー

二〇一九年十二月九日　第一刷発行

著者――大下英治
編集人・発行人――阿蘇品 蔵
発行所――株式会社青志社
〒一〇七-〇〇五二　東京都港区赤坂六-二-十四　レオ赤坂ビル四階
（編集・営業）
TEL：〇三-五五七四-八五一一　FAX：〇三-五五七四-八五一二
http://www.seishisha.co.jp/

本文組版――株式会社キャップス
印刷・製本――中央精版印刷株式会社

ISBN 978-4-86590-095-8 C0095